世界はこれほど日本が好き

—No.1親日国・ポーランドが教えてくれた「美しい日本人」—

河添恵子

祥伝社黄金文庫

●本文写真は、特に断りのないものはすべて著者撮影です。
●図版製作　J・ART

序章　台湾、ブータン、トルコ、そしてポーランド

国家、民族、歴史とは何かを教えてくれた台湾

日本の元号が昭和から平成に変わった、1989年2月のことです。
昭和天皇の大喪《たいそう》の礼に参列するため、ブータン王国の民族衣装「ゴ」の黄色の礼服姿で来日された、当時33歳のジグミ・シンゲ・ワンチュク国王（ワンチュク国王4世）が、「ブータンも国葬にしました。国民は昭和天皇の死を悼《いた》み、喪に服しています。私は日本国天皇への弔意《ちょうい》を示しに来たのであり、援助を求めに来たのではありません」と凛《りん》としたお姿と素晴らしい英語力でメディアのインタビューに答える映像に、私は衝撃を受けました。大喪の礼では、ワンチュク国王4世は傘もささず1人、雨の中を最後までお見送りしていたそうです。

当時の日本はバブル絶頂期。世界各国の参列者はODA（政府開発援助）のオネダリを兼ねての来日で、「弔問外交」なるものを初めて知った瞬間でもありました。中国関連の

仕事にすでに関わっていた私は、「日中友好」「一衣帯水の仲」などを常套句《じょうとうく》に日本からの金銭・技術援助を貪欲《どんよく》に求め続け、時に「日中戦争では…」と脅す不健全な日中関係に不信感を抱き始めていた頃で、靖国《やすくに》神社の公式参拝（後の「靖国問題」）に対する非難の声も80年代半ばから噴出、その〝火種〟への危惧《きぐ》も抱いており、「日本ともっと相性の良い国は他にあるはず」とモヤモヤ感を強めていた時期でもありました。

これまで私は40カ国以上を取材等で訪れています。欧州に始まり、1986（昭和61）年から中国の北京と大連の大学に留学し、90年代は台湾や香港、シンガポール、タイ、マレーシア、ベトナムといったアジア諸国を度々訪問する機会に恵まれ、ベルリンの壁崩壊後の旧東欧諸国へも何度か足を運び、さらに1999（平成11）年からは、世界の小学校や中学校、家庭、地域社会を年8カ国取材するプロジェクトが始まり、その他の取材も含め海外漬けの日々が長く続きました。中国や台湾のように、長年にわたって頻繁《ひんぱん》に訪れている国もありますし、キューバ共和国やパラオ共和国、オマーン国、ブータン王国、トルコ共和国など、また行きたいけれど一度きりの国もあります。

似た漢字を使う隣国とはいえ、日本と似て非なる10数億人が蠢《うごめ》く中国での異文化体験は、20代の私に日本という国家と日本人について、さらに「史実とは何なのか？」を考える契機になりました。何より日本統治時代の50年間に構築した有形無形の遺産と共に、

「愛日」「親日」「知日」が溢《あふ》れる台湾との出会いが、日清戦争以降の日本外交、植民地政策、日本人という民族性をうかがう最高の〝生きた教科書〟になりました。

日本統治時代の教育を受けた〝日本語族〟のご老人たちとの交流で、後藤新平《ごとうしんぺい》の台湾開発、八田與一《はったよいち》の烏山頭《うさんとう》ダムやそれにまつわる話や評価のみならず、「日本の台湾統治から10年ほど経過した後、大陸から客家《はっか》人、潮州《ちょうしゅう》人が大量に来た。彼らが台湾に来た理由は簡単だ。台湾に来れば仕事はあるし収入も良くなる。治安もいいし、まるで天国だということ」「海軍兵学校に入って、同じ釜の飯を食べながらようやく本当の日本人になれると思った。日本人はどんな風に歯を磨いて、どんな具合に顔を洗うのかなんて観察もしたんだ」「台湾の学校で教える先生は皆、日本から来ていた。戦後、90％以上の先生たちが、帰国後も教え子たちによって何度も台湾へ招待されている。政府は何もしないので、我々が感謝の気持ちをこれまで表してきた。このことが日本の先生がいかに一生懸命、台湾の子どもたちを指導したかを証明している」など、戦前戦後にまたがる日台の関係や素直な想いを大量に収集できたことは、人生の財産となりました。

李登輝《りとうき》元総統とも近しい関係にある奇美実業の創始者で、奇美文化基金会の許文龍《きょぶんりゅう》会長（平成25年秋の叙勲で旭日中綬章《きょくじつちゅうじゅしょう》を受章）より、15年ほど前に「歴史は時の権力者が書くのであり、それを教育によって押し付けられるが、そこに庶民の視点はほとんど存在していない」と言われ、その表現が私の中にスッと浸透したことも忘れられません。つまり日本時代を2、3世代にわたり体感した台湾のご老人たちは、「権力者（政治、教科書、メディアなど）による自虐史や記事を鵜呑《うの》みにしてはダメだ」と教えてくれたのです。

ちなみに私が留学していた当時、中国政府は「中国3000年の歴史」を標榜《ひょうぼう》していましたが、90年代には「4000年の歴史」となり、北京五輪の頃には「5000年の歴史」が枕詞になっていました。権力者のご都合主義で数値を大きく塗り替えたり、天安門《てんあんもん》事件のように「世界が見届けている」明らかな史実すら抹消したり、捏造《ねつぞう》したりすることで政治や外交の切り札にするのが中国にとっての「歴史」なのです。韓国も大同小異です。

東日本大震災での巨額の義援金や物心両面での援助からも明らかなのは、日本の危機で今日、最も頼り甲斐があり足を向けて寝られないのは台湾です。スーパーやコンビニ、食堂やレストランのキャッシャー付近など、震災直後から至る所に「日本加油（頑張れ）」の募金箱が置かれ、台湾のネットには、「施人慎勿念 受施慎勿忘（人に施した恩は忘れても、受けた恩は忘れるな）」など書き込みが溢れ、その中にはこんな面白い内容もありました。

「日本ー大雄 台灣ー多啦A夢 中國ー技安 韓國ー小夫（日本ーのび太、台湾ードラえもん、

「日本頑張れ!」　筆者の親友の子どもが在学していた台北仁愛中学校にて
（提供：謝明珠／２０１１年）

中国ージャイアン、韓国ースネ夫）」「當大家都在欺負大雄、就只有多啦A夢永遠是大雄的朋友！（皆がのび太をイジメている時でも、ドラえもんだけは永遠にのび太の友達）」。

日本統治時代の50年が台湾にとっての〝暗黒時代〟であれば、今日の台湾との関係は有り得なかったはずです。欧米列強によるアジアやアフリカの植民地政策と独立後の双方の関係と、日台の絆《きずな》とはまるで異なります。

日本と台湾、双方の先人たちがそれぞれの立場でその時代を真摯《しんし》に生きてきた結果が「今」につながっているとすれば、我々はそれに感謝しながら、良質な史実を創造していく一員としての自覚を持ち、また丁寧に未来へバトンしていかなくてはなりません。

ブータンが注目した聖徳太子《しょうとくたいし》の十七条憲法

ここで再び、ブータン王国の話に戻りましょう。世界で唯一チベット仏教を国教とするブータン王国は、アジアの二大国インドと中国（チベット自治区）と国境を接する内陸国で、地政学上、微妙な位置にあります。国土面積は九州より少し小さく、人口は約79・7万人（2016年：世銀資料）。民族的にはチベット系が大多数で、インド・モンゴロイド系、ネパール系の他に遊牧&半農半牧生活の少数民族が暮らし、ゾンカ（チベット＝ビルマ語系）が国語として定められています。

日本でも話題となった〝国民総幸福量（GNH　Gross National Happiness）〟という概念は、ワンチュク国王4世が1976年12月、スリランカのコロンボで行なわれた国際会議で「GNP（国民総生産）よりもGNHが、より重要なのだ（Gross National Happiness is more important than Gross National Product.）」と発言したことに端を発します。ちなみに国王は当時、21歳でした。お金やモノという尺度とは異なる独自の幸せを追求するGNHは、①持続可能で公平な社会経済開発　②自然環境の保護　③有形・無形文化財の保護　④良い政治の4本柱で、チベット仏教の考え方に根ざしています。グローバリズムという言葉が持てはやされる世の中ですが、日本の伝統的な価値観は本来このGNHに近いのではないかと個人的には思っています。

そのブータンは、明治憲法、日本国憲法、そして聖徳太子の十七条憲法にも注目していました。ワンチュク国王4世の「権力の集中は良くない。民主化を推進すべき」というお考えにより、新憲法の成立と絶対王政から立憲君主制へ移行する準備を進めた時の話です。

ワンチュク国王4世は、日本史を専攻し特に日本の明治維新への関心が高いとされるジグミ・ケサル・ナムゲル・ワンチュク王子（ワンチュク国王の長男・現ワンチュク国王5世）と共に、外国の憲法学者に相談したり、国民からの意見を吸い上げたり、理解してもらうため2年をかけて村々を巡回されました。新憲法の制定にあたって聖徳太子の十七条憲法も参考にした理由は、「官僚や貴族に対する道徳的な規範を示したもので、道徳の遵守《じゅんしゅ》と社会平和への精神があったから」だそうです。新憲法制定という偉業を成し遂げたワンチュク国王4世は50代の若さで退位され、2008年に立憲君主制へ移行、国王5世の時代に入っています。日本が日本を見つめ直すヒントが、ブータン王国にありそうです。

2011(平成23)年11月、東日本大震災後の初となる国賓《こくひん》は、新婚のワンチュク国王5世とジェツン・ペマ王妃でした。チベット僧侶3名と共に福島県相馬《そうま》市の被災地で祈禱《きとう》し、「私たちは今まで日本から大きな援助と勇気をいただいてきました。この度の震災で被災された皆さんの礼儀正しく統率された姿に感銘し、尊敬の気持ちを持っております。ブータン国と日本は強い友情で結ばれています。私は助け合い励まし合うつもりでここに来ました。皆さん希望を持ってください」「犠牲者のために、これからも祈り続けます」と激励されました。「日本は美しい。それよりも美しいのが日本人の心だ」と感嘆された国王5世は、ブータン国民への柔道の普及にも意欲を示しました。

衆議院本会議場での国会演説では、「2011年は国交樹立25周年に当たる。ブータン国民は特別な愛着を日本に抱いてきた」と強調し、特に東日本大震災に対するお悔やみとお見舞いとして、「我々の物質的支援はつつましいものだが、友情、連帯、思いやりは心

ブータン王国、首都ティンプーの公立学校での朝礼

からの真実」「このような不幸からより強く大きく立ち上がることができる国が一つあるとすれば、それは日本と日本国民であると私は確信している」と発言されています。このお言葉に感涙し、癒《いや》され、自分を奮い立たせた国民も多かったはずです。

ワンチュク国王5世はこの時の国会演説で国連改革についても触れ、「安全保障理事会拡大の必要性だけでなく、日本がその中で指導的な役割を果たさなければならない」と日本の常任理事国入りを支持する考えを改めて示しました。ブータンの王室の歴史、そして国境線で起きている中国の脅威を理解していれば、この発言の重みも分かるはずです。親戚のような関係にあるお隣のチベットは、すでに〝亡国の民族〟なのです。

日本は大国もしくは隣国の批判や非難の声ばかりをクローズアップし、反日もしくは追随しがちです。それは出世のためや利権を得るため、売上げ、視聴率、得票率などを伸ばしたいという近視眼的な動きとも言えます。それよりも日本人と価値観が共有でき、理解し尊重しサポートし合える小国との関係に、もっとこだわるべきではないでしょうか。

日本とトルコの〝心の絆〟〝命の絆〟

世界有数の親日国とされるトルコ共和国。一番好きな国に「日本」を挙げるトルコ人は少なくありません。日本人に親しみを覚える理由について、「数千年前、中央アジアに住んでいた民族が西に行ってトルコ人になり、東に行って日本人になった」と語ったりもします。19世紀後半、オスマン帝国の弱体化をもたらした帝政ロシアへの反感が強かったテュルク系（後のトルコ人）にとって、1905（明治38）年の日露戦争での日本の勝利は自国の勝利のように喜ばれ、大日本帝国海軍が世界に誇る英雄、海軍大将の東郷平八郎《とうごうへいはちろう》にちなんだ「TOGO」という名前まで流行しました。

トルコ共和国の首相を経て、第8代大統領となったトゥルグト・オザル（1927～1993）は親日家で知られ、日本の戦後をモデルに経済政策を打ちたてました。オザル首相の時代、1985（昭和60）年3月、イラン・イラク戦争が緊迫する最中には、トルコ航空機（現ターキッシュ・エアラインズ）によるテヘランからの邦人215名の救出劇もありました。トルコからの〝救いの翼〟に、日本中が驚きと感涙と感謝で沸《わ》きました。その際、政府とトルコ航空関係者らは「当然のことをしたまでです」と発言しています。

日本とトルコの友好関係、日本人とトルコ人の心の絆が結ばれていくことになる原点は、1890（明治23）年9月16日、オスマン帝国からの軍艦エルトゥールル号の遭難事故に遡《さかのぼ》ります。その〝大舞台〟となったのは、漁師や農民らがのんびり暮らしていた和歌山県の南端に位置する紀伊大島（当時は大島村）でした。

エルトゥールル号の遭難事故の顚末《てんまつ》と紀伊大島の村民をはじめとする献身的な救援活動

については、海の難所を見下ろす高台に建つトルコ記念館（和歌山県東牟《む》婁《ろ》郡串本町）に当時の村長の日誌や公文書、書物や新聞、遺品の一部などが展示保存されている他、書籍も複数刊行されていて詳細を知ることができます。人権という表現すらない時代に、言葉もまるで通じない見知らぬ外国人の生命に対しても、村人を中心に日本が懸命に尽くしたことがよく分かります。

紀伊大島の村人たちが救助救援活動に積極的でなければ？

日本人がイスラム教徒に偏見を持っていたり忌み嫌っていたら？

生存者が帰国後、周囲に伝えなければ？

オスマン帝国が、日本でのこの大海難事故を史実から抹消していたら？

――日本人そして明治政府の尽力が、オスマン帝国で大きな感動を呼んだ――

この史実は、オスマン帝国時代のみならず戦争と革命を経て、トルコ共和国に生まれ変わった今日まで伝えられています。イスタンブルの海洋博物館には、関連資料や犠牲者プレートなどが展示された「エルトゥールル号事件」の展示コーナーがあり、子どもたちは学校でも学んでいます。大海難事故が起きて120周年となる2010年には、トルコ各地で様々なイベントも開催されました。

日本とトルコの関係促進の起点となりコツコツと紡《つむ》いできたのは、何といっても紀伊大

エルトゥールル号遭難事故の資料を見ることができるトルコ記念館
（和歌山県東牟婁郡串本町）

島の住民とその子孫、地元の学校、そして地方自治体です。年号が明治、大正、昭和、平成に移ろうと、墓を守り、史実を伝承していく責任をバトンしてきたのです。遭難者のための追悼祭、そして5年ごとの慰霊の大祭も執り行なってきました。近年はエルトゥールル号の海底遺品の引き上げと調査・保存といった両国合同プロジェクトも加わり、より重厚な史実へと高めていく作業が継続中です。

先人を敬い、誇りに想い、史実を共有していく。これこそが日本とトルコの〝心の絆〟〝命の絆〟につながっていると考えます。

日本を丁寧に記録し記憶してきた国

台湾、ブータン王国、トルコ共和国、さらにはパラオ共和国、ミクロネシア連邦などの有形無形の史実から、1世紀の日本と日本人を知ることは我々現代人にとって大変に有益だと考えています。そしてもう1カ国、日本への恩義や尊敬の念を強く抱き、第二次世界大戦で敵対する関係になった後も、友情に裏打ちされた信頼関係を貫き通し、戦後も日本国、日本人への恩をずっと忘れずに人生の〝宝物〟としてくれた国、民族が存在します。

ポーランドです。

中欧に位置するポーランド共和国は人口約3842万人(2017年:ポーランド中央統

計局)、国民の約97%がポーランド人(西スラブ族)で公用語はポーランド語(スラブ語派)です。地理、民族、宗教(約88%がカトリック信者)において、日本と〝お隣さん〟と言うには当たりませんが、私自身が世界40カ国以上を取材した中で(戦前の50年間、日本が統治していた台湾は除くとして)〝親日国〟〝知日国〟の隠れ世界№1との結論に達しています。

両民族が急接近するきっかけは、日露戦争(1904~1905)でした。「日本の勝利は、ポーランドが独立する千載一遇のチャンスになる」と考えたポーランド独立運動家たちが、日本政府への接触を試みたのです。当時、ポーランド人は〝亡国の民族〟でした。帝政ロシアとプロイセン(ドイツ)、オーストリアに3分割されたことで、ポーランドという国名は1795年以来、世界地図から姿を消していたのです。しかしながら、ポーランド志士(愛国者)たちは、たとえ政治犯として極東シベリアに流刑になっても、不屈の精神で国の再起を目指しており、独立に向けた地下活動に燃えていました。

しかも、日露戦争ではポーランド志士にとっての敵、「ロシア軍の兵士」として徴兵されたため、士気が上がるはずもなく、早々に投降して愛媛県松山《まつやま》市の収容所などに送り込まれたポーランド人捕虜は、日本の勝利をまるで自国の勝利のごとく狂喜乱舞したそうです。この時期、日本で捕虜生活を送った数千人のポーランド人の日本への好印象が、ポーランドにおいての親日感情の原点となっています。日本赤十字から派遣された看護師の献身的な働きはもちろんのこと、市民から〝おもてなし〟を受けるなど日本で癒《いや》されたのです。

開国、そして近代化に着手してわずか40年余りの日本が、ポーランド人の宿敵で強大なロシア帝国との戦いに挑み、しかも大勝利という結果はポーランド人に強いインパクトを与えました。と同時に、日本関連書物の出版ラッシュとなりました。テーマは戦争関連のみならず、経済や社会、日本人論、日本の歴史や文化など多岐《たき》にわたり、欧州言語で書かれた作品の翻訳版や日本を訪問したポーランド人を含む作家や学者、有識者による著書や新聞記事など、長短様々な出版物とその翻訳などでした。欧州におけるジャポニズムの流行とも相まって、芸術方面でも日本がキラ星のごとく注目されました。

書物の内容からも、ポーランド人が日本を好意的に捉えるのみならず、日本人に対して尊敬の念さえ示していたことが分かります。独立活動の指導者の1人は、日露戦争の最中に訪日し、帰国後に「20世紀もの長きにわたり国家として存続してきたという、その連続性の力は、この民族を統合し団結させた。その結果、日本人においては集団的本能が個人的本能を凌《しの》ぐことになった。日本人は個人である以上に社会の成員なのであり、自らの行動においては個人的利益より全体の利益を優先する」との内容を発表しています。

同盟国のドイツよりも親密な関係

１９１４年からの第一次世界大戦、そして１９１７年のロシア革命に続き１９１９年にはコミンテルン（共産主義インターナショナル）が結成され、シベリア各地で反革命軍が赤軍と交戦し、米国、英国、フランス、イタリア、日本などの連合軍も出兵し、内戦と干渉戦が同時に進行する複雑な事態に陥っていました。シベリア在住ポーランド人も少なからず戦死し、ポーランドからの避難民たちも餓死、病死、自殺、凍死、戦いに巻き込まれての虐殺など、シベリアの大地で次々と命を落としていく中、親子と生き別れ、死に別れ、死の淵を彷徨《さまよ》っていたポーランド人孤児（計７６５人）を救出したのは日本でした。

東京や大阪で一時を過ごした孤児たちは、帰国後も「日本への感謝の念を忘れない」が合言葉だったそうで、日本再訪を夢見て貯金をし、晩年には「日本はまるで天国のようなところでした」「日本から受けた親切を〝宝物〟として生きてきました」「自分たちを救い出してくれた、美しくて優しい国、日本に是非とも御礼を言いたかった」などと溢れる涙で語っています。

ナチス・ドイツによるユダヤ人迫害が激しさを増す中、「命のビザ」を発給することで、ユダヤ人を中心に推定６０００人の命を救った杉原《すぎはら》千畝《ちうね》・リトアニア共和国在カウナス大日本帝国領事館領事代理も、（晩年以降になってしまいましたが）世界中でその功績を称えられています。ちなみに、日本への恩義や尊敬の念を抱いていたポーランド亡命政権の情報機関（インテリジェンス）は当時、杉原領事代理と強い信頼関係にあったのです。

日本とポーランドは、第二次世界大戦を通じても同盟国のドイツよりも親密な関係にあり続けました。その象徴で中心人物となったのが、1941（昭和16）年よりスウェーデン駐在武官としてストックホルムに着任した小野寺《おのでら》信《まこと》大佐でした。日本が敗戦に追い込まれるどころか、亡国の危機にあることを察知した亡命ポーランド政府は、「敬愛する日本が、我々ポーランドのような悲劇に陥らないでほしい」との願いから、「ヤルタ密約」の情報を届けたのです。

日本人も無意識に「ポーランド」に夢中になってきた

ドイツ軍のポーランド侵攻により第二次世界大戦の火蓋が切られたその時代、ポーランドの古都クラクフの織物会館で、浮世絵など日本美術品と出会い開眼した1人の少年がいました。後に世界的な映画監督となったアンジェイ・ワイダ監督（1926～2016）です。「衝撃的な感動だった。私の人生における真の芸術との最初の出会いでした」などと回想する、日本をこよなく愛する芸術界の〝レジェンド〟がいつしか描くようになった夢は、日本館を創設することでした。

クラクフ国立博物館には、浮世絵や掛け軸、屏風《びょうぶ》、甲冑《かっちゅう》、刀剣、陶器など、伝統的な日本美術品が所蔵されていました。これらの大部分は、1人のポーランド人が19世紀末から20世紀初めにかけて収集し寄贈されたもので、その数7000点（欧州有数の浮世絵コレクション約4600枚を含む）ほど。戦後の社会主義国体制の中で、ほとんど日の目を見ないままでいたのです。

ワイダ監督が日本館の実現に向けて動き出したのは1987年、稲盛財団による日本において科学芸術の貢献者に与えられる京都賞（第3回）の精神科学・表現芸術部門を受賞した時です。ワイダ夫妻が発起人となり、副賞の4500万円を基に「京都―クラクフ基金」を立ち上げ、岩波ホール（東京都千代田区神田神保町《かんだじんぼうちょう》の映画館）に同基金の日本支部が置かれ、日ポ両国で募金活動を展開していきました。1994年、歴代ポーランド王の居城だったヴァヴェル城が対岸にそびえるヴィスワ川の分岐点に完成した「日本美術技術博物館マンガ（Muzeum Sztuki i Techniki Japońskiej Manggha）」は以来、世界に先駆け「日本」を紹介する博物館として、日本語講座はもちろん、様々な定期講座や歌舞伎、能、三味線演奏、剣術、盆栽などのイベントを行なう場として、日本の最先端技術を展示する場としてポーランドの老若男女に親しまれています。

能や狂言、茶道といった日本の伝統文化の研究や、日本語学習の水準の高さなどでもポーランドは突出しています。欧州においての日本語・日本文化研究でオランダに次いで長い歴史を有し、その中心的研究機関となってきた国立ワルシャワ大学をはじめ、クラクフのヤギェウォ大学などの国立名門大学や私立大学にも日本学科がありますが、大変な人気で倍率は20～30倍と超難関です。ワルシャワ大学からは、日本人にとっても難解な『古事記』の全訳版を1981年に刊行した偉業で国内外に知られ、〝日本学の父〟と呼ばれる教授も輩出しました。天皇皇后両陛下が2002（平成14）年にポーランドをご訪問された際には、同大学日本学科の学生含む関係者との交流の時間を持たれています。

日本語の実力を示すデータもあります。日本の文部科学省が実施する日本語・日本文化を学ぶ国費留学生（日研生）の合格者数で、2014（平成26）年度にポーランドが世界最多となったのです。世界的にもかなり特殊なのは、中学生や高校生が漫画やアニメといった日本のサブカルチャーに親しんでいるのみならず、日本語講座へ通い、アルファベットではなく漢字とひらがなとカタカナで表記し、文法も異なる外国語を楽しみながら学んでいる、もしくは学びたがっていることです。

日本人も無意識に「ポーランド」に夢中になってきたようです。〝ピアノの詩人〟の異名を持つフレデリック・ショパンを、世界中が当然のように愛奏、愛聴しているかと思いきや「日本以外の他国は、必ずしもそうではない」のです。ポーランド国民に敬愛され、民族にとっての永遠の誇りであり、「ポーランドの心」とされるショパンの、メランコリックな旋律のみならず存在そのものに本能的に共感してきたのが日本人なのです。

世界中の人々と長年、接してきた私自身も「ポーランドの心」に本能的に魅了された1人です。ショパンそしてアンジェイ・ワイダ監督の作品を愛し、ワイダ監督が語る「日本人は、真面目で、責任感があり、誠実さを備え、伝統を守ります。それらはすべて、私が自分の生涯において大事にしている精神です。日本と出会ったお陰で、このような美しい精神が、私の想像の中だけで存在しているわけではないことが分かりました。そのような精神が、本当に存在するのです」といった数々の日本人論にも心を打たれてきたのですが、老若男女、様々な立場のポーランド人と国内外で英語や日本語で会話する機会を重ねてきた中で、他国や他民族にはあまり感じることのなかった感覚――親和性に癒されたのです。

信頼し尊敬できる、学び合える、共感できる、思いやる、感謝する、恩返し（したい）、史実を丁寧に記録し記憶していく、そして一期一会《いちごいちえ》の関係を大切に未来へつないでいこうとする価値観などにおいて、双方は相性抜群だと確信しています。少しシャイでアピール下手なところも日本人と似ていますが、ポーランドには、「日本人と結婚したい」どころか「日本人としか結婚したくない」と夢見る若者だっているのです！

＊＊＊

『世界はこれほど日本が好き――No.1親日国・ポーランドが教えてくれた「美しい日本人」』は、平成27年11月に同タイトルで上梓した拙著に新たな情報を加え、微修正、簡略化するなど再構成したものです。本文中の肩書き、年齢などは当時のもので表記し、一部を敬称略とさせていただきました。

２０１８年は、ポーランド共和国にとって「独立回復１００年」の記念すべき年。そして２０１９年は、「日本とポーランドの国交樹立１００年」という、これまた記念すべき年となります。二度と訪れないこの時期に文庫化が決まり、祥伝社書籍出版部にはお世話になりました。

何より、数年間にまたがる国内外での取材活動において、ポーランド共和国大使館とポーランド広報文化センター、ご協力くださったすべての方々に、この場を借りて心からの御礼を申し上げます。

平成30年9月吉日

河添恵子《かわそえけいこ》

目次

第2章 ポーランドと初めて公式に接触した日本人
――欧米で話題となった単騎馬遠征

第3章　日露戦争で急速に近づいた日ポの距離
——捕虜にも〝おもてなし精神〟

第4章　日本研究とアイヌ研究の第一人者
——ブロニスワフ・ピウスツキ

第5章

シベリアの孤児たちを救え！

――要請から17日後の決断

第6章　第二次世界大戦中の信頼関係

——杉原《すぎはら》千畝《ちうね》はなぜビザを発給し続けたのか

第7章　無間地獄に陥ったワルシャワと映画『戦場のピアニスト』のモデル

——シュピルマン氏の生涯

第8章

元シベリア孤児と元ユダヤ人難民の戦後

――「日本は天国のようなところでした」

第9章 『古事記』の翻訳者まで輩出する日本研究
——ワルシャワ大学の図書館には茶室がある

カバーデザイン 萩原弦一郎（256）

第1章

日本との連帯

東日本大震災の被災者に寄り添う

ポーランド国民

ワルシャワ市中心部のショパン・ミュージアムを訪れる子どもたち

全会一致で採択された「日本との連帯」

東日本大震災から5日目となる2011（平成23）年3月16日、ポーランド共和国（首都ワルシャワ）の国会で、全議員が起立して黙禱《もくとう》を捧げる様子がテレビにまず映し出されました。

この日は、東日本大震災の発生から初めての国会開催日でした。審議に先立ち震災の犠牲者を追悼する黙禱を行ない、「日本との連帯（Solidarni z Japonią）」を表明、全会一致で採択されました。その冒頭部分は、以下の通りです。

――日本国民を襲ったこの恐ろしい惨事に対し、ポーランド国民の名において当国会は深い同情と共に、日本にとって悲劇的なこの日々への連帯を表明します――

翌日の17日には、ブロニスワフ・コモロフスキ大統領と夫人、ドナルド・トゥスク首相、続いて政財界の要人、一般人らが次々と首都ワルシャワにある駐ポーランド日本国大使館を訪れ、弔問《ちょうもん》記帳を行ないました。

「被災民は不安な日々を送っているはずなのに、パニックに陥っていない」「70人の勇敢なサムライたちが福島第一原発に残留し、必死の制御作業を続けている」など、政府より一足先に、ポーランド国民の多くはテレビで繰り返し報じられる瓦礫《がれき》と化した被災地の様子に涙し、被災民を憂《うれ》い、福島第一原発の1号機、2号機、3号機がどうなってしまうのか……固唾《かたず》を飲んで見守っていました。大人たちは一様に、隣国の旧ソ連ウクライナで25年前に起きた、チェルノブイリ原発の史上最悪の事故とその被害を想起し、顔を曇らせていたのです。

「被災民の心を少しでも癒《いや》してあげたい」

「被災地の復興の一助になれば」

ワルシャワの日本大使館に同情や弔意、励ましの言葉、さらには援助の申し込みの電話が相次ぎ、大使館前に花やズニチェ（お墓や教会に捧げるろうそく）を置いて黙禱する姿も見受けられました。

国内最大級のNGO団体ポーランド人道アクション（Polska Akcja Humanitarna／PAH）、カリタス・ポーランド（Caritas Polska）、ポーランド赤十字社など主要な慈善・宗教団体も、復興支援や義援金集めに動き出していました。カトリック司教協議会も、国内すべてのカトリック教会に対して、日本へ送る義援金集めのための号令をかけました。アンジェイ・ワイダ監督の人生の熱き想いを結集させた日本美術技術博物館マンガ（Muzeum Sztuki i Techniki Japońskiej Manggha）、ポーランド・日本交流センター（タルノフスキェ・グーリ）、日本文化センター・ヤマト（プシェミシル）など、地方の団体や協会も日本との連帯に動き出しました。

合気道協会、伝統空手協会、剣道協会などの武道関係団体、ワルシャワ大学（ワルシャワ）、ヤギェウォ大学（クラクフ）、アダム・ミツキェヴィチ大学（ポズナン）など、全国各地で日本語や日本文化を学ぶ国立名門大学の学生たち、若者たちも学内や街頭で義援金集めや千羽鶴を折るなど動き出しました。

全国各地の小学校や中学校でも、「ジャパンデー」が設けられました。その中の1校は、ワルシャワ市郊外のブヴォニエ地区にある「ギムナジウム№2聖マキシミリアノ・コルベ神父にちなんで」でした。コンベンツアル聖フランシスコ修道会の伝道師として、1930（昭和5）年4月に長崎へわたり、6年余りの滞在中に、教会の設立に尽力し、キリスト教を優しく読み解く日本語の雑誌『聖母の騎士』を発行するなど、日本と大変に縁の深いコルベ神父（1894～1941）が開校に関わった中学校です。

「日本を励ますイベントでは、挨拶や数字といった簡単な日本語や日本の様々な文化も学びました。『君が代』も皆で練習したので歌えますよ」と生徒たちは語っていました。

ショパンで「連帯」する両国

ポーランドの音楽業界、クラシック音楽の演奏家たちも即、「連帯」に動きました。「日本の被災地の子どもたちの支援」を目的に、ショパン国際ピアノコンクール入賞者のポー

コルベ神父の日本での足跡などが壁に貼られているギムナジウムNo.2

ランド人ピアニストらの演奏による、フレデリック・ショパンの作品を収めたチャリティー・アルバム『日本との絆―日本がんばれ！～震災復興支援ショパン・アルバム』の緊急発売を決めたのです。

「ポーランドで最も偉大な作曲家、フレデリック・ショパンの作品を敬愛する日本のために、チャリティー・アルバムを作ろう！」

こう音頭を取ったのは、ポーランド・ラジオ（PR）チャンネル3、そしてユニバーサル・ミュージック・グループでした。国内の主要なラジオ局から次々と支持が集まり、ポーランド・テレビ（TVP）をはじめ、テレビ各局もプロモーションへの参画を表明しました。ブロニスワフ・コモロフスキ大統領を同プロジェクトの名誉総裁とし、ポーランド人道アクションを通じて販売収益の全額が義援金として寄付されることになりました。

2011年4月8日に発売された同アルバムは、世界のクラシック界で最高の評価を受けている1人のクリスチャン・ツィメルマン、ショパンに似た風貌からも人気が高い気鋭の若手ラファウ・ブレハッチ、大御所のバルバラ・ヘッセ＝ブコフスカやアダム・ハラシエヴィチなど、ポーランドを代表する名ピアニストの演奏が詰まった（それぞれ別の時・場所で演奏、収録）ショパン選集となりました。

CDの挨拶文には、「わずか数分の間に、すべての人たちとあらゆるものを失った子どもたち——家族・近親者も、クラスメートも、友だちも、家も、本も、おもちゃも——突然、子ども時代を奪われ、寂しくおびえている子どもたちの悲劇は、他者の苦しみに無関心ではいられない人々を動かしています（中略）。ポーランド人演奏家によるショパン音楽の演奏を、心から味わってください。日本との連帯によって、この大きな悲劇に苦しむ日本の子どもたちを助けましょう」と記されています。

ベルリン芸術大学とハノーファー音楽大学で学び、同大学在学中にペンデレツキー国際コンクール（ポーランド）での総合優勝をはじめ数々の受賞歴があり、ポーランド人の音楽仲間も多いピアニスト牧村英里子《まきむらえりこ》氏が、ポーランドのクラシック業界の〝重み〟をこう語っています。

「ポーランドが背負ってきたのは、侵略の歴史です。再独立を果たしたものの、戦争で大量の死傷者を出し、戦後はソ連の脅威と隣り合わせで、ベルリンの壁が崩壊する1989年11月まで、西側社会に渡れるのは音楽家など極々限られた人たちでした。80年代の旧東欧諸国は日々の食事を満足にとることも困難で、ポーランドもその例外ではありませんでした。ポーランド人は、まさに不屈の民です。特に私が触れ合っている海外で活躍するポーランド人音楽家は、『人生は戦いなのよ』『絶対に負けないわ』という貪欲《どんよく》さがみなぎっています。非常にアグレッシブなのですが、その反面、とてもお人よしです。彼ら彼女らがよく語っていたのは、『僕たちは、例えば君をゲストとして家へ招くと決めたら、夕方にはすでに愛犬を君に散歩させているよ（笑）』でした。いったん受け入れると決めたら、家族のようにとことん、という文化なのか民族的な習慣があるようです」

周辺国に侵略され、国を失うなど幾度もの困難な時代を乗り越え前向きに生き抜いてきたポーランド人のＤＮＡは、強さと優しさを包含し、それが他者の痛みに寄り添うパワーの源になっているとも言えそうです。しかも、ポーランドの音楽業界そして外交関係者が、「日本人はショパンを熱狂的に支持してくれている」「日本でのショパンの愛され方は尋常ではない」と改めて驚き、感激したタイミングでもありました。というのも、前年の２０１０年は「ショパン生誕２００年」の記念すべき1年で、日本でも特別番組が放映され、音楽業界や旅行業界など、まるで自国の英雄を愛《め》でるかのような盛り上がりでした。〝ピアノの詩人〟の異名を持つショパンを、世界中が当然のように愛奏、愛聴しているかと思いきや「日本以外の他国は必ずしもそうではない」のです。

10代で才能を開花させ、名声を得ながら39歳の若さでパリにて早世した天才作曲家フレデリック・ショパンは、まさに「ポーランドの心」とされています。ショパンがウィーンへ旅立つ決意をし、祖国を離れたのは１８３０年11月。その直後の11月蜂起で祖国そして友人知人がロシアに弾圧されたことを知り、怒りや悲しみの感情をぶつけて作曲したのが、練習曲ハ短調作品10‐12「革命のエチュード」でした。

ワルシャワを占領したナチス・ドイツ軍は、ワジェンキ公園にあったショパンの銅像を爆破し、「民族主義を刺激する」との理由からショパンの演奏を禁じました。それでも、ポーランド人の若きピアニストたちは秘密コンサートに参加して、ショパンを弾いてレジスタンス闘士たちを激励しました。ショパンの遺言に従って葬儀の前に取り出された心臓は、姉のルドヴィカによって祖国へ持ち帰られ、曲折を経てワルシャワの聖十字架教会の石柱に「安置」されていましたが、そこへもナチスの魔の手が……。危険を察知した市民が密かに心臓を運び出したことで、今日まで「無事」でいます。

ポーランド国民にこれほど敬愛され、民族にとっての永遠の誇りとなっているショパンの、繊細かつメランコリックな旋律と人生そのものに本能的に共感してきた日本人。2世紀という時を超えても、ショパンはまぎれもなくポーランドと日本の〝絆の架け橋〟であり、絶対的な〝守り神〟として存在しています。

ポーランド人の温かい心に動かされた在ポ邦人たち

2011年4月1日からは、痛みを分かち合い健康回復の願いを込める日本の千羽鶴の伝統になぞらえ、「100万羽鶴（Milion Żurawi）」と銘打った運動が全国で開催されました。発起人代表は、日本とポーランドのハーフ（Mike Haruki Yamazaki 山崎春樹、Karol Tomoki Yamazaki 山崎朋樹）の2人でした。チャリティーコンサートや日本文化イベントなどを通して、ポーランド人道アクションを窓口に義援金を集めました。

ワルシャワのある会場で行なわれた、日本文化チャリティーイベントの内容は、入口に盆栽が飾られ、陶器や茶葉の販売コーナーがあり、日本舞踊が披露され、剣術や合気道を見学でき、書道教室、花札や囲碁で遊べるコーナーがあり、寿司を食べてといった本格的な内容で大盛況だったそうです。

この100万羽鶴運動の一環では、ポーランドのゴールドディスクを10回、プラチナディスクを7回獲得した、ポーランドを代表する歌姫であり作詞作曲を手がける音楽家のアンナ・マリア・ヨペック、J・ステチュコフスカの出演するチャリティーコンサートも行なわれ、アンナ・コモロフスカ大統領夫人が後援しています。

4月2日には、ポーランド在住邦人2名とポーランド人1名の女性3名が主催する形で、被災者支援のためのチャリティーコンサート「千羽鶴コンサート」が行なわれました。主催者の1人で、ワルシャワ在住の大学講師ピスコルスカ千恵さんがこう回想しています。

「大震災発生直後から、ポーランド国中が日本のことを心配してくれていました。ポーラ

千羽鶴コンサート当日、パンフレットを配る11歳のピスコルスカ小春さん
（提供：ピスコルスカ千恵）

ンドの方々はこれまでも日本への親近感を強く持っていましたが、『日本のために何かできることはない？』と、私に尋ねてくれました。日本に飛んで行って、被災地で何かできないものか……。遠く離れたワルシャワでただ泣いているだけだった私に、本当にたくさんの友人や知人が日本のことを心配し、電話をかけてくれました。その中には、長い間、会っていなかった方、顔見知り程度の方もいました。友人の1人、カーシャ・ミフネフスカさんが、『じゃあ、ワルシャワで何かしよう。チャリティーイベントを開催し、義援金を集めて日本へ送りましょう』と提案してくれました。日本人も大好きなショパンを奏で、音楽を通じてポーランドの人々の温かい心を日本へ届けるのがいいのではないかと、ピアニストで友人の西水《にしみず》佳代《かよ》さんにお声がけし、千羽鶴コンサート実行委員会を立ち上げました」

この「千羽鶴コンサート」を開催するにあたっては、ポーランドの外務大臣と駐ポーランド日本国大使館が名誉後援に、コンサート実行委員会「Poland For Japan」とワジェンキ公園が共催することになりました。大きな窓から差し込む光に照らされた彫像が立ち並ぶ美しいコンサートホールで、被災地の写真や被災者たちの呟き、ポーランドからの応援の言葉や寄せ書きなどを編集したスライドショーを背景に、１００人以上のポーランド人と日本人の有志による多彩な演奏が繰り広げられました。

フィナーレには、2002年公開の映画で第55回カンヌ国際映画祭パルムドールとアカデミー賞の3部門で受賞した『戦場のピアニスト』（監督ロマン・ポランスキー）で、ショパンのピアノ曲を演奏録音したヤヌシュ・オレイニチャクが「日本のために、是非とも弾きたい」と予定を変更して駆けつけました。日本に捧げる祈りのようなショパンのノクターン第20番の静かな音色から始まり、ラストは力強い旋律の英雄ポロネーズがコンサートホールを包みました。

そして9時間にわたる「千羽鶴コンサート」の幕が閉じられました。

来場者は約2500名、願いを込めた約2000羽の鶴が誕生し、2万4000ズウォティ（約80万円）の義援金が集まりました。寄付金は日本赤十字社に届くよう、同日に日本大使館の義援金口座に振り込まれました。ピスコルスカさんは、こう回想しています。

「コンサートや義援金募集の活動など、一度もやったことのない素人の私たちが、大規模なチャリティーコンサートを、しかも短期間で準備をして成し遂げられたのは、ひとえにポーランドの方々の『日本のためにできる限りのことを』という温かい支援があったからです。ポーランドでは普段、募金活動をするためには書類申請と許可が必要で、かなりの時間を要するそうです。でも、私たちの熱意に内務省が『今回は特別です』と許可をすぐに出してくれました。また、コンサート会場はもちろん、印刷物も折り紙も会場設定もボランティアのスタッフの食事までも、企業や個人がご提供くださりました」

ブレハッチの原点、聖ローレンス教会から福島の中学校に義援金が

前述のチャリティー・アルバム『日本との絆―日本がんばれ!』に参加した、若手ピアニストのラファウ・ブレハッチ(1985〜)は、2005年のショパン国際ピアノコンクールの優勝者ですが、ポーランド国民が「20歳のスーパースターがついに誕生! クリスチャン・ツィメルマン優勝後の空白の30年間。ポーランド国民は、この日が来るのを辛抱強く待っていた」と歓喜、熱狂された逸材です。クリスチャン・ツィメルマンは、現在、世界のクラシック音楽界で最も高い評価を得ているピアニストの1人です。

そのブレハッチが、「私の原点」と称する教会があります。首都ワルシャワから北西250キロのビドゴシチ市からさらに西へ30キロ、ナクウォ教区にある聖ローレンス教会です。ナクウォ・ナデ・ノテション出身の彼は、幼少期より敬虔《けいけん》なクリスチャンの両親に手を引かれ聖ローレンス教会へ通い、5歳から正式にピアノを習い始め、8歳からアントン・ルービンシュタイン音楽院で学んでいます。そして、いつの頃からか、聖ローレンス教会のミサが終わると町の人たちがブレハッチの演奏を楽しみにするようになっていたそうです。14歳前後からは同教会のオルガン奏者も務め、これは敬虔なカトリック教徒であ

「日本のために是非とも弾きたい」
ヤヌシュ・オレイニチャクの演奏（提供：Marcel Bird）

る彼の心の大きな支えにもなったようで、世界的なピアニストとなった今もその恩義を忘れていません。

ポーランド市民交流友の会の影山美恵子さん（静岡県浜松市在住）が語ります。

「2011年6月に『ブレハッチを訪ねる旅』が企画され、ブレハッチ・ジャパン・ファンクラブ（事務局：砂子祐子）会員30名ほどでポーランドへ参りました。その際、聖ローレンス教会の神父が被災民への追悼の意を述べ、『義援金を募《つの》りましょう』とブレハッチに提案されたところ快諾くださいました。義援金の送り先は、帰国後に私が探すことになりました」

2003（平成15）年、当時18歳のブレハッチは第5回浜松国際ピアノコンクールで最高位受賞（1位なしの2位）に輝いています。中村紘子《なかむらひろこ》審査委員長は、「ウィーンで発掘した逸材」と評しました。数々の国際コンクール入賞経験者37名が参戦する高レベルの戦いの中、初来日で、年齢も若い無名のブレハッチが最高位の受賞に輝いたのです。通訳などでコンクールのお手伝いをした影山さんはその際、後に「21世紀のショパン」と絶賛される彼との面識を得ています。

「ブレハッチを訪ねる旅」から帰国後、影山さんが方々に打診をしたところ、福島在住のファンクラブ会員の家族の1人が福島第一原発から約4キロメートル、浜通りという海側

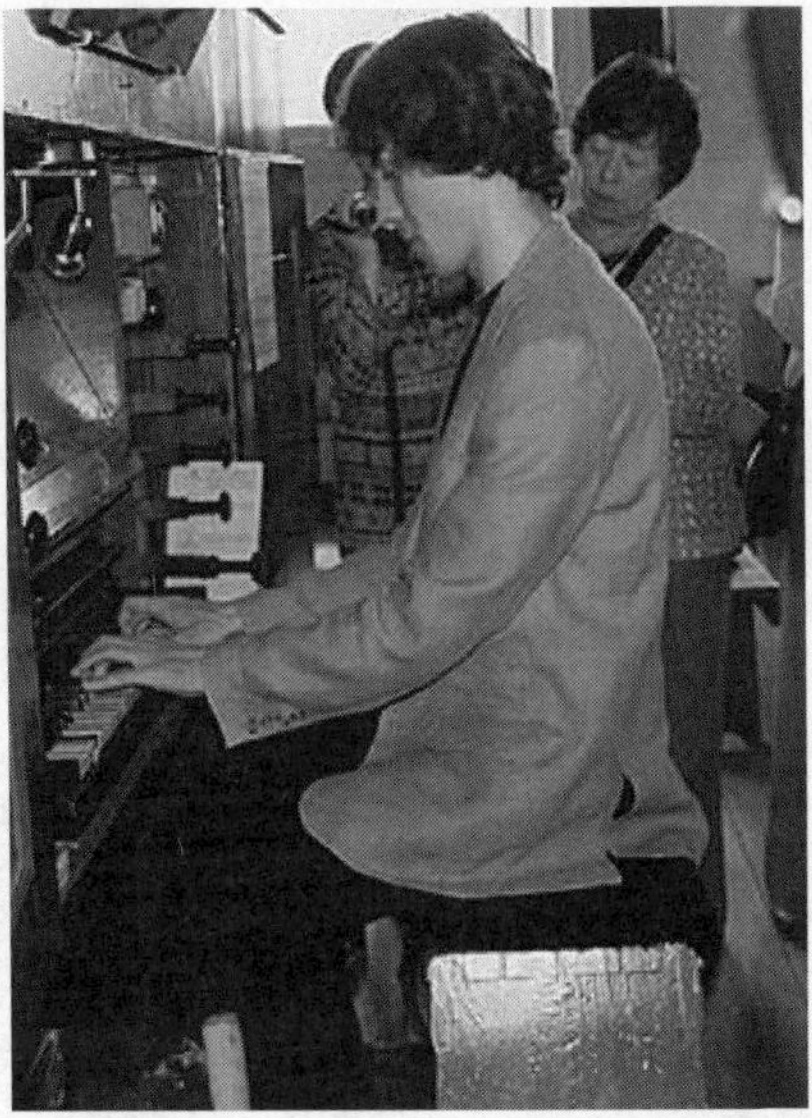

世界的ピアニスト、ブレハッチが「私の原点」と称する聖ローレンス教会にて（提供：ポーランド市民交流友の会　影山美恵子）

に面した地区に建つ町立の双葉中学（福島県双葉郡双葉町）の教師であることが分かりました。

福島第一原子力発電所の事故発生により政府から避難指示や避難勧告が出たことで、双葉町の役場機能を含め、住民約1200人がさいたまスーパーアリーナ（さいたま市）へ集団避難し、その後は埼玉県加須《かぞ》市の廃校に移転していました。「突然の避難指示で、故郷と、家族と、仲間と別れることになった」「頼る親戚や知人がない子どもたち63人は、住む家をなくした家族と、廃校になった高校の校舎で集団生活をしている。教師も一緒に移っている」ことなど、双葉中学（生徒数は震災当時203人）の情報を得た影山さんは、聖ローレンス教会の神父にお知らせしました。

「神父さまは深く溜息をつき、『教会から直接、双葉中学へ義援金をお送りしたい』と申し出てくださいました。そのため義援金は、埼玉県内の中学校の口座へいったん振り込まれ、そこから双葉中学の教師と生徒たちの元へ届けられることになりました」

双葉中学関係者からは「運動会のお弁当代、柔道着の購入のために使わせていただいた」など、その都度、義援金の使途が具体的に記されたお礼の手紙と領収書が影山さんの元へ送付されてきたので、英会話学校を経営する影山さんが英訳し、ポーランド人講師がそれをポーランド語に訳し、神父宛てに手紙で報告をしてきたそうです。

ブレハッチとその原点である教会、ショパンとブレハッチを愛する日本人の連携によって、善意の心が福島の子どもたちにも届いていたのです。こういったやり取りは、1年間ほど続いたそうです。

3・11の15時半でストップした大きな壁時計

「被災地周辺は、津波直後から停電が続いていました。約2週間後、通電したのでHPを更新して『幼稚園を再建します』と記しました。天災による被害ですから、幼稚園を再建するにしても行政からの補助は総経費の半分しか出ません。とはいえ、やるしかないと皆で奮起して、震災数日後から瓦礫除去を始めていた時に、人を介してですが、ポーランドから夢のような話が舞い込んできたのです」

宮城県気仙沼《けせんぬま》市の学校法人あしのめ学園（熊谷《くまがい》政志理事長）の副理事長兼事務局長で、気仙沼市の副市議長を務める熊谷伸一氏が語ります。

同学園は、気仙沼市で2つの幼稚園を経営していました。そのうち内陸部の葦《あし》の芽幼稚園（気仙沼市古町《ふるまち》）は園舎の基礎や柱に多数の亀裂が生じ半壊状態となり、海岸部から約1キロメートル、標高8・9メートルの地点に建つ葦の芽星谷《ほしや》幼稚園（気仙沼市岩月）の園舎は、大津波が瓦礫などを巻き込み襲いかかり、屋根や柱などの骨組みは一部残ったものの全壊状態でした。

「大地震による大津波が来れば、園庭まで浸水する可能性があるとの認識は持っていました。明治時代にも、大津波の被害があった地域ですので。3・11は過去に経験したことのない大揺れを感じ、しかも庭に地割れができていたので、これは大変だと!」

石川イネ子園長が、あの日の14時46分直後について語ります。

15時半頃、黒い塊となって瓦礫と共に押し寄せた大津波は、園庭の鉄棒やジャングルジムなどの遊具、多目的ホールや教室のピアノやマリンバなどの楽器類、机や椅子などを容赦なく破壊し奪い去って行きました。

熊谷副理事長は他3名の園関係者と一緒に、葦の芽星谷幼稚園の多目的ホールにしばらく待機していました。すると大津波が……。舞台の天井から吊り下がるカーテンに懸命にぶら下がり、なんとか九死に一生を得ました。園関係者の1人は、数日後に肋骨《ろっこつ》が折れていることに気づいたそうです。

年長組の卒園式を数日後に控えた中で起きた未曾有《みぞう》の悲劇でしたが、不幸中の幸いは園に残っていた園児を高台に建つ老人福祉施設キングスガーデンに避難させ、全員無事だったことです。まだ寒さの厳しい季節でしたが、日頃から交流のあった老人たちと室内で凍えることなく過ごすことができました。しかも園児を連れて高台へ避難する際に、朱印を

葦の芽星谷幼稚園の壁に掛けられた、大きな壁時計。
３月11日15時半過ぎで針がストップしている

押して乾かすため机に並べていた卒園証書を、教師による咄嗟《とっさ》の判断で持ち出し〝避難〟させたのです。葦の芽星谷幼稚園の卒園式が、3月29日、近所の中学校の多目的ホールを借りて行なわれました。石川園長から1人ひとりに卒園証書が手渡され、園児たちは巣立つことができました。

宮城県気仙沼で動き出した「幼稚園再建プロジェクト」

4月からの新年度は、園舎をまったく使えない状況だったため、姉妹園の葦の芽幼稚園に間借りしてのスタートとなりました。石川園長が当時をこう回顧します。

「両園を合わせると330人にもなる園児を預かり、6つの教室とホールを使って互いに狭い空間で寄り添うような生活になりました。園児たちは不自由で不便な中でも健気《けなげ》に過ごしていましたが、園としては1日でも早く、幼稚園を再建させたく、国や県、市などへ働きかけていました。そういった中、全国各地、世界中から団体、個人を問わず、物心両面にわたる支援の手が連日のように届き、とても勇気づけられました。当園では音楽に力を入れていたのですが、ドイツからは楽器もご寄付いただきました。それにしても情報時代のパワーをつくづくと感じました。自分たちは身の回りのことにだけ必死でしたが、大震災当日から、世界の眼が被災地に向いていたのですから！」

気仙沼の内湾に襲いかかった津波の威力で、船舶用の石油備蓄タンクが浮き上がり、流出した油によって大火災が発生、延々と燃え続ける最悪の事態を招きました。この衝撃的な映像からも、気仙沼は世界中（というか、国内外のマスメディア）の耳目を集めたのです。

内湾が大火事に見舞われた当時、全市は停電状態にあり、その様子をテレビで観た市民はいません。「知らなかった」人もいますし、車や徒歩で避難した気仙沼を一望できる安《あん》波《ば》山《さん》の展望台周辺から「自分の家の周辺が燃えているのでは」と心も身体も震える夜を過ごした人もいました。

熊谷副理事長が当時を語ります。

「どこもかしこも瓦礫の山で、人々の生活も心も混乱状態にある中、『ポーランド人道アクションというNGO団体が、被災地の幼稚園で再建先を探している』との話が舞い込んだのです。聞くところでは、駐日ポーランド大使館があちらこちらのツテに連絡を取っていたようで、東京のリトルリーグから気仙沼市のリトルリーグ関係者を経由して、気仙沼市議会議長の守屋守武氏にその話が伝わり、私の方へお声がかかってきました。異国ポーランド、しかも、これまでまったく見知らぬ相手から、幼稚園の再建のために援助をしたいとの話でした」

ポーランド人道アクションが主体となり、ポーランド大使館と在日ポーランド商工会議所（ＰＣＣＩＪ）と共に、幼稚園再建プロジェクトが動き出していました。ポーランド人道アクションは１９９２年の設立以来、コソボ紛争やチェチェン紛争、アフガニスタンなど、紛争や貧困、自然災害などにより人道的支援を必要とする国々に使節団を派遣し、様々な人道支援を行なってきた団体です。

「再建のために、ポーランド側から提示されたのは１２０万ズウォティでした。２０１１年当時のレートでは５０００万円近い金額で、我々はその支援の大きさに驚きました。その後の為替レートでは３０００万円ほどになってしまいましたが、いずれにしても大金です。『話がうますぎる。信じていいの？』なんて言う人もいましたよ（笑）」

窓口は在日ポーランド商工会議所で、ピーター・Ｒ・スシツキ会頭とやり取りすることになりました。分厚い英語の契約書も作成されました。大枠では、「１２０万ズウォティの義援金を、３回に分けてお渡しする」「毎回、何にどれだけの金額を使うのかを明確に記すこと」などが記され、幼稚園の再建に関わる業者の見積りなどを提出しながら進めていくことになりました。不慣れな英語でのやり取りに、ファッションデザイナー森英恵《もりはなえ》の子息、森恵《けい》氏が在日ポーランド商工会議所のアドバイザー兼プロジェクトコーディネーターとの立場で双方の調整役を務めました。熊谷副理事長が続けます。

再建された葦の芽星谷幼稚園の多目的ホールと、ピアノの前の壁に貼られた記念プレート

「1年目は葦の芽星谷幼稚園の多目的ホールの再建のために1000万円、2年目は屋根の修繕のために1000万円を使わせていただきました。そして3年目は、半壊状態だった葦の芽幼稚園の多目的ホールの再建に1000万円。ポーランド国民からの浄財を無駄にしないよう、基礎・土台・間取り等、そのままの設計で使えるところはなるべく使用するなど、工夫もしました」

2012（平成24）年1月、第3学期の始業式から葦の芽星谷幼稚園は再スタートを切りました。ポーランド国民の善意が、急ピッチで形になったのです。

コルチャック先生の魂が息づく幼稚園

2012年4月、被災地の視察や追悼などを目的に初来日したアンナ・コモロフスカ大統領夫人は、〝日本通〟のヤドヴィガ・マリア・ロドヴィチ＝チェホフスカ駐日大使、在日ポーランド商工会議所のピーター会頭、ポーランド人道アクションのヤニナ・オホイスカ・オコインスカ代表などと宮城県気仙沼市を訪れ、葦の芽星谷幼稚園の多目的ホールの再建式典に、両園の年長園児や保護者ら約200人と共に参加しました。

瓦礫が山積みで道路は不通だったり工事中だったり、あちらこちらで渋滞が発生するなどアクセスが非常に悪い中、大統領夫人一行がわざわざ訪問されたのです。

園児たちに〝おひげの大使〟と大人気のツィリル駐日大使
（提供：あしのめ学園／２０１３年９月）

大統領夫人は「ヤヌシュ・コルチャック年《ねん》」と記した記念プレートを幼稚園に贈呈、その除幕式典も行なわれました。小児科医であり児童文学作家、そして教育者だったユダヤ系ポーランド人のヤヌシュ・コルチャック先生（1878〜1942）の没後70年であり、またコルチャック先生の作った孤児施設「ドム・シュロット」の誕生100周年でもあることから、ポーランド政府は2012年を「コルチャック年」に制定していたのです。第二次世界大戦中のナチス・ドイツ占領下で孤児施設を運営、200余名の子どもたちと共にトレブリンカ絶滅収容所に送られ非業の死を遂げるまで、生涯を子どもたちのために尽くしたコルチャック先生の思想信条は、1989年の第44回国連総会で採択された「児童の権利に関する条約」の基礎とされています。

子どもが不安を抱かないよう、力強く優しく子どもたちを最期まで見守ってきたコルチャック先生の魂が、気仙沼に再建された幼稚園にも息づくことになりました。

2013（平成25）年9月には、前年に着任したツィリル・コザチェフスキ駐日大使と安倍昭恵首相夫人、そして「世界一大きな絵」プロジェクトの主催者でNPO法人アース・アイデンティティ・プロジェクト（本部：東京）の河原裕子会長らが訪園しました。園児たちが描いた絵と、ポーランドの子どもたちが描いた絵は縫い合わされ、同年10月、ウッチ市織物業中央博物館にて開催された「ジャパン・デイズ」に出展されました。同市の要人たち、駐ポーランド日本国大使館関係者、伝統空手協会、ファッションウィークで訪問中だったファッションデザイナー、コシノジュンコらに、日ポの子どもたちによる作品は披露され、その後、日本へ舞い戻り、「世界一大きな絵ポーランド&日本」は首相官邸でも披露されました。

さらに、ポーランド南西部のオポーレ県の園児からの折り紙の贈り物も、ポーランド在住の日本人を通じて、同年11月、葦の芽星谷幼稚園と葦の芽幼稚園に届きました。そして園児の描いた絵は、オポーレへと向かいました。園児――〝日ポの小さな芸術家〟たちの絵も世界を〝旅〟し、交流をしているのです。

2014(平成26)年3月には、「V4+日本」交流年ポーランド親善大使を務める歌姫アンナ・マリア・ヨペック、ツィリル駐日大使と大使夫人らが葦の芽星谷幼稚園を訪問、園児約140人の元気な歓迎を受けています。V4とは「ハンガリーの北部ヴィシェグラードで、友好と地域協力を進めるための枠組みに参加した4カ国(ハンガリー・ポーランド・チェコ・スロバキア)」を指し、2004年の小泉純一郎首相時代にV4と日本の協力関係が確立され、安倍政権が唱える「価値観外交」の一環で、10周年を迎える2014年が「V4+日本」交流年になりました。

「鯉のぼり200匹」がつないだ縁

「ポーランドの被災者支援と復興のためのポイントは、まさに子どもに寄り添うことです。また、『どのような支援が良いでしょうか？』とも聞いてくれます。佐賀県から当市にいただいたスタインウェイ社のピアノのこけら落としにショパン・コンサートをとお願いしたところ、本国から著名なピアニストを招いていただいたり、歴史と文化に裏打ちされた懐《ふところ》の深い支援を、大使の交代を経ても継続的にいただいており心から感謝しています」

菅原茂・気仙沼市長がこう語ります。また、「ポーランドにはずっと親近感を持っていた」と語る菅原市長は株式会社トーメン（現豊田通商）に勤務していた時代、ポーランドに出張経験もあり、ポーランド漁船が漁獲したフォークランド沖のイカやナミビア沖のアジなどを輸入する部署に所属していたそうです。

市長はそして、こう呟いてもいました。

「絆というか、とても縁を感じます。このようにつながり、次第に太くなるのがやはり本当の縁ですね」

ポーランド国民の総力を結集させて進めてきた、東日本大震災の被災者支援と復興のための活動は、他国におそらくない特徴がありました。その1つは、被災地のどこかをピンポイントで選び、子どもたちのための具体的な形になるもので、復興のサポートをしたいと案件の選考を始めたことです。

要するに、ポーランド人の〝分身〟を被災地に残し、なおかつずっと見守り、絆を深めていきたいと考えていたようです。事実、半年に一度ほどは大使はじめＶＩＰクラスが、東京からはるか遠方の気仙沼を訪れています。

また、２０１１年夏に行なった、被災地の子どもたちをポーランドへ招待する〝絆の架け橋〟プロジェクトでも、ポーランドの伝統空手道協会が主催だったこともあり、岩手県からは空手選手の中高校生が参加しましたが、宮城県からは気仙沼市の中高校生が対象となりました。

ポーランドが気仙沼を復興サポートの主軸にしたのは、単なる偶然だったのでしょうか？　津波の被害が甚大だった岩手・宮城・福島の臨海部の被災地の中でも、宮城県気仙沼市は東京からかなり遠方（北方の海沿い）に面しています。死傷者・行方不明者数においては宮城県石巻市の被害が最大で、岩手県陸前高田《りくぜんたかた》市がそれに続いていました。

「あの鯉のぼりが、関係あるのかもしれない」

気仙沼青年会議所（ＪＣ）の一部ＯＢの、頭のほんの片隅に残っていた10数年前の記憶が、東日本大震災を契機に蘇《よみがえ》ることになったのです。

時は1996(平成8)年4月に戻ります。気仙沼青年会議所の主催による、女性市民向けの講演会が行なわれました。ゲストは岩波ホール(東京都千代田区神田神保町の映画館)のディレクターの大竹洋子氏他1名でした。

気仙沼青年会議所のOBの1人、松井敏郎氏のつてでお招きしたそうです。大竹氏の大学時代の同級生と親戚関係にある松井氏が、フォルクローレ・ミュージシャンの大竹氏の子息を気仙沼へ何度か招いてライブを開催したことなどから、知己《ちき》の関係でもあったのです。

そもそも、松井氏は岩波ホールで上映されるアンジェイ・ワイダ監督(詳細は第10章)の作品の大ファン。しかも大の落語好きで、同年9月よりスタートさせた「目黒《めぐろ》のさんま祭」の発起人であり、目黒のさんま祭気仙沼実行委員会の会長との肩書きを持っています。ちなみに、気仙沼はさんまの水揚げ本州一を誇る「海の市」です。

大竹氏は気仙沼入りする道すがら、風を受けて心地良さそうに磐井《いわい》川の川面を泳ぐ鯉のぼりを見て感激したそうです。その時、1年半ほど前のある映像を脳裏に浮かべていたようです。それは、ワイダ監督の長年の夢を実現するため「京都−クラクフ基金」の日本支部を岩波ホールに置き、ポーランドと共に7年ほど汗を流した末に1994年11月、古都クラクフに完成させた日本美術技術博物館マンガ(Muzeum Sztuki i Techniki Japońskiej

Manggha）（詳細は第10章）とヴィスワ川が流れる美しい光景でした。大竹氏も高野悦子支配人と共に、クラクフでの開幕式典に参加していました。

気仙沼での講演会の最後に、大竹氏は「鯉のぼりを〝マンガ〟にプレゼントするのはどうでしょう？ 〝マンガ〟を包むように流れるヴィスワ川に、鯉のぼりの川渡りをしてもらいましょう！」と観客席に向けて提案しました。「それは良いアイディア！」「是非！」と盛り上がる中、幕は閉じました。

その時、司会をしていたのが気仙沼青年会議所の会員で、市内でガソリンスタンドなど手広く経営していた株式会社気仙沼商会の高橋正樹氏（平成17年6月より社長）でした。高橋社長はこう回顧します。

「大竹さんに『お願いしますね！』と話をふられ、思わず『はい、分かりました』と返事をしました。それで後日、『お前、どうするんだよ？ はいって返事しちゃっただろう』と会場で手伝っていたJC仲間に詰め寄られたのですが、大勢の女性たちの前で約束してしまったからなぁと。皆で鯉のぼり集めをしてみることにしました」

同年の10月頃のことです。第46回ベルリン国際映画祭（1996年2月）で銀熊賞を受賞した『聖週間』（1995年製作　ポーランド＝独＝仏）の銀座ヤマハホールでの上映会などに合わせワイダ監督夫妻が来日、気仙沼青年会議所の昆野龍紀理事長らと、新品の鯉のぼり1セットと目録の贈呈式を行ないました。

ワイダ監督は前年の1995（平成7）年に勲三等旭日中綬章を受章し、来日前の1996年7月、世界の芸術文化の発展に貢献した芸術家の業績をたたえる第8回高松宮殿下記念世界文化賞（主催・財団法人日本美術協会、総裁・常陸宮正仁殿下）がフランス首都パリのルーブル美術館で発表され、演劇・映像部門の受賞が決まっていました。

にこやかに鯉のぼりを手にするステキな熟年ワイダ監督ですが、当時すでに映画界のみならず世界の芸術界の〝レジェンド〟でした。しかも2016年10月に他界するまで、日ポの関係を紡《つむ》ぐキーパーソンであり続けました。

鯉のぼりの揚げ方を教えるためにクラクフへ

「鯉のぼりの中古が、200匹ほど集まりました。それを〝マンガ〟へ送ることにしました」

これで、ひとまず約束は果たせる。高橋社長をはじめとする関係者一同、そんなつもりでした。ところが〝マンガ〟の館長から、謝意と共に「鯉のぼりの揚げ方が良く分からない」「設置する予算が不足していて……」との手紙が届いたのです。

このまま放置してはおけない。高橋社長は東北電力に勤務する知人に頼んで、ポールの

ワイダ監督と夫人への「鯉のぼり」贈呈式　気仙沼ＪＣの昆野龍紀理事長（左）、ワイダ監督夫妻、松井敏郎氏（右から２人目）、高橋正樹氏（右）（提供：松井敏郎）

立て方やアンカーの扱い方、川の両岸に渡して鯉のぼりを泳がせる方法などイラスト入りの説明書を英語で作成してもらいました。さらに、鯉のぼりを揚げるための概算費用として20万円ほど持参することにしたのです。1997（平成9）年4月中旬のことです。

高橋社長ら気仙沼からの客人は、〝マンガ〟のブリコヴィッチ館長、そして翌日にはアンジェイ・ワイダ監督夫妻にも大歓迎されました。

「とても広いエントランスホールの真ん中にテーブルが1つ、贅沢《ぜいたく》な環境でワイダ監督と面会しました。腰が低くフランクな方だったため、事前に『日本では黒澤明《くろさわあきら》のような存在、世界的に著名な監督』と聞いてはいたのですが、ピンときませんでした。その後、ワイダ監督を見つけたポーランド人の子どもがサインを求めていて、やっぱり凄い方なんだ、子どもにまで顔が知られているなんて！　と驚きました。僕はワイダ監督から金色のペンで鯉のぼりの絵を描いたサイン入り色紙をいただき、館長からは日ポの関係史や〝マンガ〟完成までの年譜などが写真と共にまとめられた日本語の資料をいただきました」

高橋社長の元には、クラクフを訪れて以来、〝マンガ〟から「鯉のぼりを揚げました」との手紙やクリスマスのカードが届き、〝マンガ〟10周年記念の丁寧なお礼状も送られてきたそうです。

「でも、日々の忙しさにかまけて、何もこちらからは連絡をしていなかったのです」

こう、高橋社長は振り返ります。

東日本大震災当時、気仙沼商会は市内15カ所にガソリンスタンドの事業所がありました。ところが、そのうち13事業所が被災。しかも前述の通り、津波で持ちあがった船舶用の石油備蓄タンクから油が流出したことで、海上が大火事となり、翌朝には東京都と愛知県の消防隊が応援に駆けつけていました。

高橋社長の不眠不休の日々が始まりました。

「ライフラインが完全にシャットアウトされた中、被災民が車内で暖をとるためにも、ガソリンが必要です。そのような中、ガソリンをどこへ優先的に配給するのか、僕も市庁舎に詰めて市長からの指示を受けながら、社員たちに給油を続けてもらいました。しかも停電していますから、手動しか給油の方法がありません。1リットルの給油にぐるぐると20回前後、ハンドルを回さなくてはなりませんでした。10リットル入れるためには200回転。腱鞘炎《けんしょうえん》になりそうでしたが、仕方ありませんでした」

その頃、クラクフの〝マンガ〟関係者は、義援金集めに立ち上がり、千羽鶴を折って、日本のために祈り続けていました。

14年を経て〝マンガ〟から届いた義援金

大震災から数カ月後のある日、市から高橋社長にある連絡が入りました。〝マンガ〟からの義援金を、クラクフ在住の日本人パフォーマー岩田美保さんが代理で持ってきていて、気仙沼市長の元を訪れたとのことでした。

鯉のぼりを〝マンガ〟に届けて、実に14年の歳月が過ぎていました。

「世の中、捨てたもんじゃないですね。本当に、色々な人々に助けられました」

東日本大震災から丸4年を経た3月、高橋社長はほんの少し安堵《あんど》したような表情で語ります。

津波は、当時の本社ビルの社長室がある2階まで襲いかかったそうです。会社の重要な書類はもちろん、高橋社長がクラクフで購入した写真集も、滞在中に撮った写真を収めたアルバムも〝マンガ〟でいただいた年譜が記された貴重な資料も、灰のようなザラザラした成分を含んだ独特の海水に浸かり、〝化石〟のような塊に変容してしまいました。もう、中を開いて見ることができません。壁に飾っていたワイダ監督からいただいた金の鯉のイラスト入り色紙は、津波にさらわれ行方不明のままだそうです。

大震災の翌年に着任した駐日ポーランド大使館のツィリル大使は、「鯉のぼりの話は初耳です！」と目を丸くしていましたが、「日本との連帯」でポーランドの政官財民が復興

津波のため〝化石〟のような塊になったクラクフの想い出。右側は高橋社長

支援へ動き出す中、この〝鯉のぼり物語〟を知る誰かが、気仙沼にこだわったのかもしれません。

「ポーランド大使館は目黒区にあります。そして目黒のさんま祭は、気仙沼市と目黒区のコラボです。着任以来2回、新鮮で美味な秋刀魚をいただきました。また、菅原市長は漁業を通じて、ポーランドとかつてから縁がある方です。ポーランド、気仙沼、目黒はトライアングルの関係になりました」と、大使はにこやかに語っています。加えて、ポーランド人は欧州人としては珍しく、クリスマスにターキーではなく鯉（ｃａｒｐ）を食べる習慣があります。

ポーランドと気仙沼、そして鯉！ どこか不思議な縁が、再び動き出したことは間違いありません。

第2章

ポーランドと初めて公式に接触した日本人

欧米で話題となった単騎馬遠征

ワルシャワ歴史地区（旧市街市場広場）
第二次世界大戦中にナチス・ドイツ軍に徹底的に破壊されたが戦後、当時とまったく同じように再建された。1980年にユネスコ世界遺産に登録

明治時代、5カ国語を駆使して世界を動いた男

ペリー提督率いる米国海軍が浦賀《うらが》に来航した1854（嘉永7・安政元）年3月、江戸幕府は日米和親条約を締結、200年以上続いた鎖国政策に終止符を打ちました。1867（慶應3）年の大政奉還を受けて討幕派の薩摩藩や長州藩が中心となり新政府が成立、近代国家への道を歩み始めます。

欧州列強によるアジアの植民地支配が進む中、国家の安全と主権を保障するためには富国強兵以外に進むべき道はないと考えました。19世紀後半、日本を含む周辺諸国にとって最大の脅威となっていたのがロシア帝国（1721〜1917）でした。

日露戦争（1904〜1905）でバルチック艦隊を撃破し、日本を勝利へ導いた大日本帝国海軍の東郷平八郎《とうごうへいはちろう》（1847〜1934）提督は、「TOGO」の呼び名で世界的に有名ですが、その10年前の日清戦争以前より、清国やプロイセン（ドイツ）、そして南下政策をとる帝政ロシアの軍事情報などを、類《たぐい》まれな語学力を駆使しつつ収集してきた〝陰の主役――陸軍参謀本部の情報将校〟がいました。彼は初めて公式にポーランドを訪れ、ポーランド人と接触した人物でもあります。

その人物とは、陸軍の情報将校・福島安正《ふくしまやすまさ》（1852〜1919）です。嘉永5年、長野・松本藩士の家に生まれました。藩の許可を得て12、13歳で上京し幕府講武所で学び、

5カ国語を使いこなした福島安正
（提供：国立国会図書館）

同時にオランダ式軍鼓撃方を身につけ、語学も習得しました。

開成学校（東京帝国大学に改組）で研鑽《けんさん》を積み、1873（明治6）年に司法卿江藤新平《えとうしんぺい》の斡旋《あっせん》で司法省へ入省。翻訳課に勤務し、その翌年、陸軍省に転じました。1876（明治9）年には、フィラデルフィア万博へ陸軍使節団の随員に任じられ渡米をしています。1878（明治11）年、26歳の時、臨時士官登用試験に合格、晴れて陸軍中尉に任命されました。

その後、参謀本部長・山県有朋《やまがたありとも》の伝令使を務めることになったのですが、今で言えば秘書官、海外情報を収集して山県に伝える役目でした。翌1879（明治12）年からは、清国や朝鮮の政情や軍備状況を調べるため現地に度々赴《おもむ》いており、朝鮮を巡り日本と清国の間の緊張が高まる中、1882（明治15）年から2年間は北京の日本公使館付武官として情報収集を続け、65巻に及ぶ『清国兵制類集』にまとめています。

当時、インド、ビルマ、インドシナ、マレー、インドネシア、フィリピンは完全に植民地として支配されていました。清は英国、ロシア、フランス、プロイセン（ドイツ）によって半ば分割支配され、欧州列強による完全支配は時間の問題でした。侵略の手は、当然、日本にも伸びていました。

福島は、日本に帰国すると欧州列強の調査に取りかかりました。その頃、中央アジア侵略の手をアフガニスタンへと伸ばしていたロシアは、英国と衝突しかかっていました。「ロシアは次に満洲、朝鮮を経て太平洋に出て不凍港を入手しようとするはず」と予測し、報告をしました。参謀本部は国防の重要性を訴える献言書を明治天皇に提出し、1887（明治20）年3月に「海防に関する詔書」が下され、特に建艦費として宮廷費の1割以上を下賜されました。

海軍増強は、この時から始まりました。同年、福島は在ベルリン公使館付武官の重責を命ぜられました。英語、ドイツ語、フランス語、ロシア語、中国語の5カ国語を駆使し、アジア諸国の軍事情勢にも通じていた福島の次なる任務は、欧州の近代的軍隊とその戦略に関する情報の収集でした。

ロシアは当時、シベリア横断鉄道を建設中でした。福島はベルリンに赴任した翌1888（明治21）年に、その情報を得たようです。鉄道の軍事的な意味は明らかでした。ロシアは、極東に兵力や物資を効率的に運ぶ手段を考えていたのです。海路は時間とコストがかかり過ぎる上、英国はじめ欧州列強の領海を通過することになるためです。

“亡国の民族”ポーランド人と接触した福島安正

5年にわたるベルリン滞在中、福島は日本軍の近代化のモデルとされたプロイセン軍に関する詳細な知識を得て、欧州諸国のほとんどを訪れ、収集した様々な情報を参謀本部に伝えるのみならず、シベリア単独遠征をも企画しました。欧州各地で聞いた内容を、自らの目で確かめようとしたのです。

その頃、福島はすでに欧州各地で複数のポーランド人と接触していたと考えられています。当時のポーランド人は〝亡国の民族〟でした。1772年、ロシアの南下政策を警戒したプロイセンが、オーストリアを誘いポーランド領を3国で分割することを提唱しました。これが第1次ポーランド分割です。1793年には、ロシアが第2次ポーランド分割をプロイセンと強行します。

それによって緩衝《かんしょう》地帯としての土地のみが残され、まさに小国と化したポーランドで、時の将軍が立ち上がり民衆と共に蜂起しますが、2年後の1795年、ついに残りの領土まで3国が分け合うこととなり、ポーランドという国名は世界地図から姿を消してしまいました。しかも、ポーランドを消滅させた3国間で結ばれた協定書には、「ポーランド王国が存在したことを思い出させるすべてのものを消滅させなくてはならない」と記されていたのです。

ポーランド志士（愛国者）とその子孫たちは、欧州各地に散らばったり、危険分子や政治犯としてシベリアなどへ流刑にされたりしながらも、不屈の精神で国の再起を目指し、

3度の分割を経て、地図から消えたポーランド

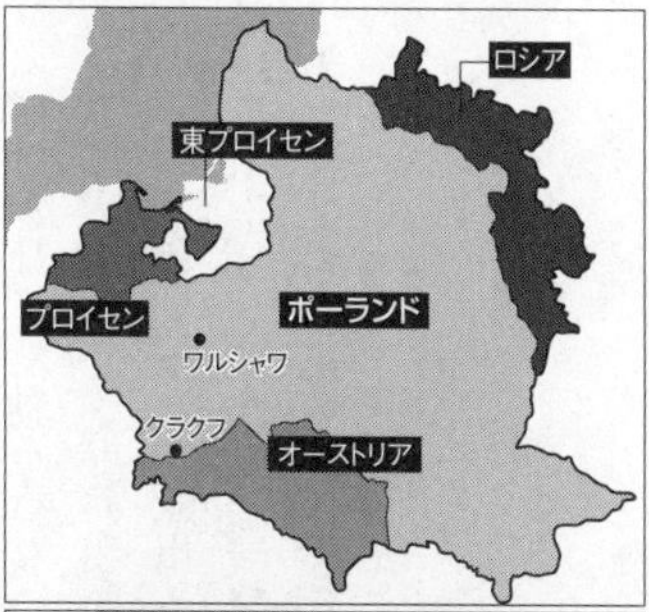

第1次分割
1772年

ポーランドはロシア、プロイセン、オーストリアによって領土の3分の1を奪われた。

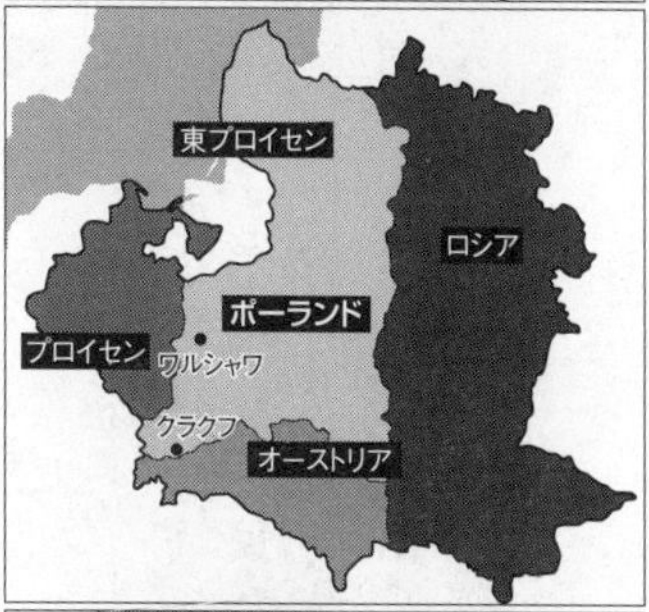

第2次分割
1793年

ロシアとプロイセンによって分割され、ポーランドは緩衝地帯の土地が残るのみに。
（オーストリアはフランス革命の対応に追われていて不参加）

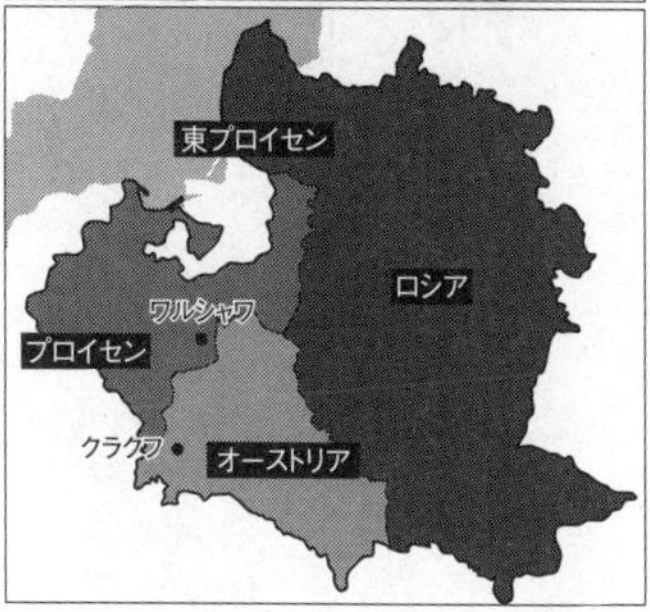

第3次分割
1795年

ロシア、プロイセン、オーストリアによって残りの領土も分割。ポーランドは地図から姿を消すことに。

独立に向けた地下活動を行なっていました。

ちなみに、ポーランド共和国の国歌（1926年に国会で決定）の「ドンブロフスキのマズルカ」は、18世紀から欧州各地に亡命したポーランド志士の間で歌われていた軍歌で、別名は「ポーランドは未だ滅びず」です。ポーランド民族の歴史は、その歌詞「ポーランドは未だ滅びず　我らが生きる限り　外敵が力で奪い去りしものは　剣をもて奪い返さんすすめ　すすめ……」の通り、国家を復活させ真の自由と民主を取り戻すため、2世紀以上にわたり勇猛果敢に、そして大量の血と涙と汗を流し続けてきた苛烈な運命の連鎖でした。

欧米でも話題になった1万4000キロの単騎馬遠征

1892（明治25）年の紀元節（2月11日）、福島は愛馬「凱旋《がいせん》」にまたがり真冬のベルリンを出発しました。ウラル山脈、アルタイ山脈を越え、沿海州ウラジオストクまでの1万4000キロ、488日に及ぶ単騎馬横断遠征の始まりでした。

単騎馬での旅を決行した理由について、福島は以下のように記しています。

つくづく過去の経過より考えるに、汽車汽船の旅行は、一瞬にして数里を過ぎ、山川の地形を弁ずることができがたい。しかも、その通ずるところといえば、地は開け民は豊かであるゆえに、たとえ沿道にて数日の滞在をなすとしても、ただ大いなる家屋に宿って、わずかに表面の観察ができるばかりである。土地の実際と人情・風俗の機微、教育・宗教などを細かく観察して、一国の実力のあるところを推究することは、到底できない。馬車もソリも大同小異。今回の余の目的には適さない。よって考えた。

この目的に適当なるものは騎馬である。騎馬でなければ、決して思うままに山河を踏破することはできない。これ、断然この決心をしたる理由の大要である。

（『単騎遠征』の筑摩書房編集部編訳より）


福島の単騎馬遠征はドイツですべての新聞に掲載され、欧州各地のみならず米国にまで伝わりました。日本では『大阪朝日新聞』がこの遠征を報じたところ、記事は大きな反響を呼びました。しかし、間もなく同紙は報道を打ち切ることになります。明治政府が、「国家の重要な情報収集、諜報活動を兼ねたこの旅は秘密扱いにすべき」との判断を下したためです。

欧米列強とロシアに、福島安正の名が広く知られることとなった単騎馬遠征の詳細は、『福島将軍遺績』（東亜協会／1941）、『福島安正と単騎シベリヤ横断』（上下）（島貫重節

／原書房／1979）、『シベリア横断―福島安正大将伝』（坂井藤雄／葦書房／1992）、『福島安正 情報将校の先駆―ユーラシア大陸単騎横断』（豊田穣／講談社／1993）などで読むことができます。福島が残した数々の書物や調査報告は、第二次世界大戦後にその多くが破棄されてしまったのですが、それでも『単騎遠征』と題された報告書などから旅程が相当に詳しく再現できるのみならず、彼自身の人柄や洞察力、考え方まで知ることができる資料が残っていたのです。

ここでは、主に『単騎遠征』や『日本・ポーランド関係史』（エヴァ・パワシュ＝ルトコフスカ、アンジェイ・T・ロメル 柴理子訳／彩流社／2009）に記される福島とポーランド人の接点を中心にご紹介しましょう。

「波蘭志士」というメモの存在

シベリア横断計画を立てる段階で、福島はすでにポーランド人の独立運動家やシベリアの元流刑囚らに接触したと考えられています。「ロシア領内の旅行ルートを決める上で彼らの情報は重要だったはずで、独立運動家が指定した場所に赴き、その仲間たちと接触して、さらに陸軍省参謀本部からの追加情報などを得ていたのではないか」というのが、ワルシャワ大学のエヴァ・パワシュ＝ルトコフスカ教授をはじめ、日本研究の第一人者らの結論です。

その根拠となっているのが、福島による「波蘭志士」というメモの存在です。ポーランドの独立を目指すポーランド人の秘密政治組織が、欧州各地に存在することを彼は把握していました。資金や武器や装備などを安全に入手するためにも、秘密政治組織は旧ポーランド領以外の英国やフランスなどに置かれていたのです。活動家たちは当該国の諜報機関とも協力関係にあり、その関係をポーランド独立の実現のために利用しようとしていました。

マイナス10度あるかないかの厳冬の中、ベルリンを出発した福島は東へ進み、3日目に旧ポーランド領に入っています。弾圧に耐えながらも、地下で独立運動を続けていた時代です。そして2月15日には、ロシアとの国境沿いにあったポズナン（現ポーランド西部に位置する中世ポーランド王国の最初の首都）に入りました。この一帯は、ドイツ軍司令部が置かれていました。ポズナンからロシア領へ入る際、福島は国境の警備が簡略すぎることに驚き、「仮の国境であるため」と報告書に説明しています。このあたりが、かつてポーランド領だったことを福島は知っていたのです。

2月24日にワルシャワへ到着した福島は、翌25日、騎兵旅団の司令部を訪問し、司令官や駐屯中の兵士と顔を合わせています。ここでは、深い積雪の中を騎馬で行軍する際の注意点や経験を、馬について知り抜いている騎兵たちから得ており、「独露国境沿いの道が安全で、積雪も少ない」とのアドバイスも受けています。

かつてのポーランド王国の栄華やポーランド文化の水準の高さを物語る王宮などに感動した福島は、ワルシャワについて、「整然とした、しかし騒々しく活気に溢れた古《いにしえ》の自由なポーランドの都」といった内容も記しています。

福島はそれと同時に、ロシア化を強いられ自由を求め幾度も繰り返してきたポーランド人の蜂起、そしてワルシャワの街が味わった悲劇の痕跡も目《ま》のあたりにしています。多くの死傷者を出しながら無情にも祖国を失ったポーランド人ですが、ロシアにとって邪魔な人物は政治犯や危険分子としてシベリアへ送り込まれたり、欧州各地へ亡命したものの「ポーランド国の復活」という口車に乗せられ、ゲリラ戦や過酷な戦場に派遣されたりするなど、その後の運命においても翻弄されていることに心を痛めました。

ポーランドはその200年前までは、中央ヨーロッパの一大王国でした。その境域は、北はバルト海より南は黒海につらなり、その面積はフランス、スペインと匹敵していたのです。『日本を護った軍人の物語――近代日本の礎となった人びとの気概』（岡田幹彦／祥伝社／2002）からは、福島は日本がポーランドのような悲運に陥らないことを願い、日本のあり方について真剣に考えていたことが分かります。

ワルシャワ歴史地区（王宮前広場）。右奥の建物が〝ポーランド民族の象徴〞である王宮。1939年に空襲を受け、1944年ドイツ軍に完全破壊された。外装、内装、すべて昔のままに再現されている

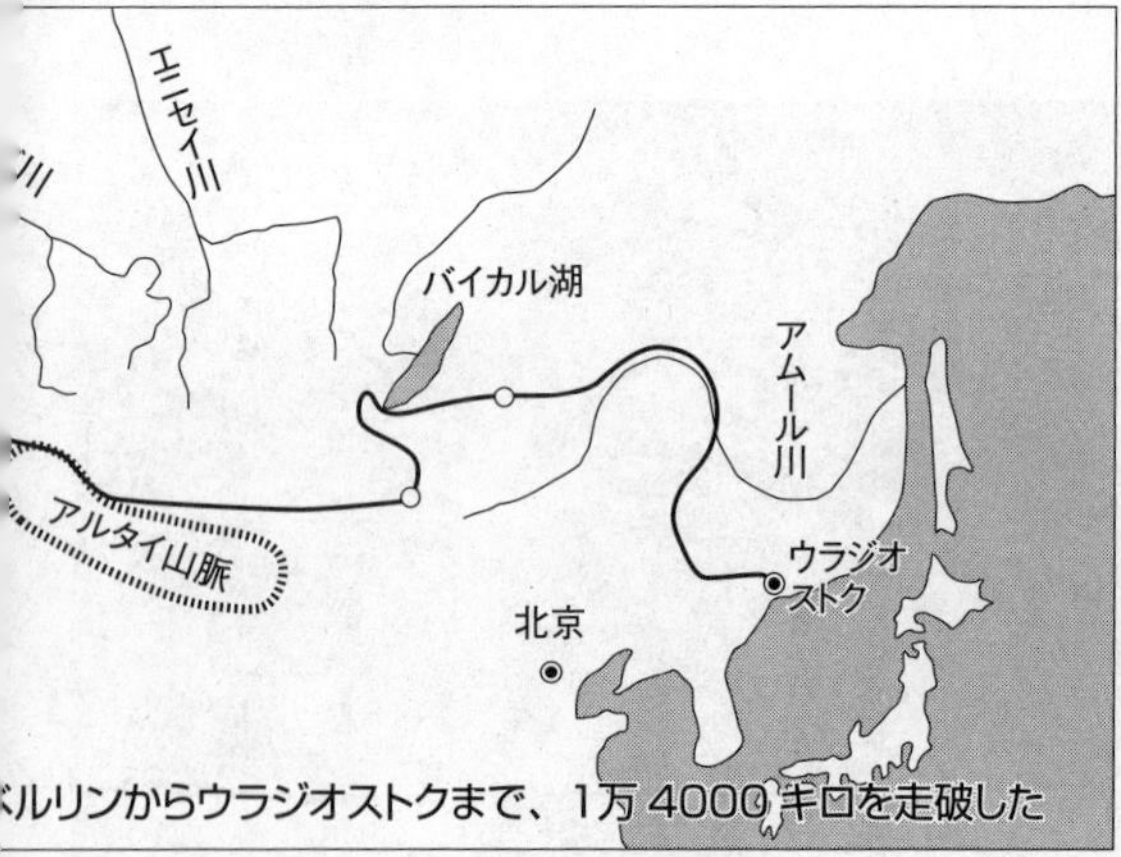

ルリンからウラジオストクまで、1万4000キロを走破した

「日本人は世界の人類が全部日本人と同様に平和な人間ばかりであると思い込んでいて、外国人が日本に侵略してくるなどと考えること自体、誤りだと信じている人間ばかりである」

「日本では平和のために国防をやろうなどという発想は、自然のままでは絶対に芽生えてこない。一般の日本人の大部分は国防の重要性を感知しない。となると、これを感知させるべき何物かが必要である。このように将来のための国防を考えて指導する人、これが日本のために要求される指導者の特長である」

「国を離れてみて祖国日本のことが初めて分かる。そして陸軍大学校の講堂などでは絶対に学びえない西欧現地の彼らの闘争本

世界から注目された福島安正の単騎馬遠征

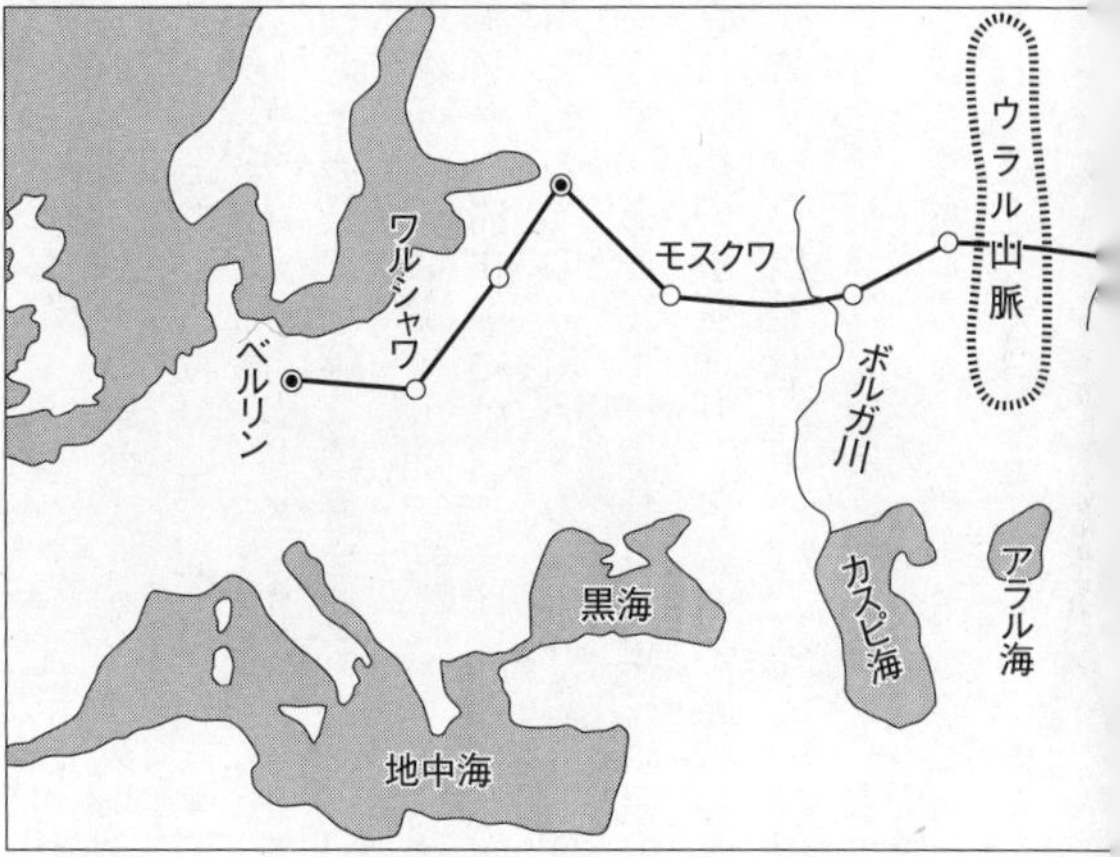

能に徹した過去数世紀に及ぶ流血の跡を偲《しの》び、そして将来もまた永遠に負けないような日本をいかに築き上げていくかを真剣に全身で感じ取ってもらいたい」

パクレフスキー一族にもてなされた福島

2月の後半、福島はリトアニア、ラトビア、エストニアのバルト3国を通過しました。かつては独立国として繁栄していましたがロシア領となり、やはり地下で独立運動が続けられていました。福島は、「日露間に戦端が開かれたら、これらの独立革命家を支援、扇動して、帝政ロシアを西から攪乱《かくらん》する手もある」と考えたとされます。

『単騎遠征』によると、ヴォルガ川の一支流にのぞんだミエドノエ村では、リーゼンカンプという名前の連隊長に会っています。連隊長夫人は、ポーランドの名士パクレフスキーの娘でした。パクレフスキーは、かつてポーランドの義勇軍に加わりその勇名は一世を風靡《ふうび》しましたが、シベリアに流刑にされ20余年の刑期満了後は事業を始め、ウオッカ製造でシベリア屈指の豪商となり、パクレフスキー死後は、三子がその遺業を継いでいるとのことでした。福島はこう記しています。

「連隊長夫人は人情に厚く、前途の不便を察し、シベリア各地におけるパクレフスキーの会社の支店長に懇篤《こんとく》な添書を与えてくれ、ミエドノエ村を出発する時には、夫妻と共に青年将校一同らが遠く市外まで見送ってくれた」

モスクワ滞在中には、シベリア鉄道に関する情報も集めています。「東西両端から建設工事を始めていて未完成の線路は約7000キロ。工事スピードはこれまで年間700キロなので、あと10年、1904年には完成するだろう」と予測しています。実際の開通はまさに福島の予測通り、日露戦争開戦の年でした。

モスクワを出発した頃には、愛馬の「凱旋」が急性リウマチを患い、再起不能となっていました。福島は、新馬「うらる」を求めます。しかし、福島は病馬の「凱旋」の首すじをさすって慰めながら、青草を食べさせ、扇子で背にむらがる蚊を追うなど、1日中そばを離れることができませんでした。記念にタテガミを切り、懐中に収めました。「当日の悲しみは深く、忘れることができない。思い出すたびに、涙が出るのをどうすることもできない」と記しています。

福島はシベリアの高原を進み、パクレフスキーがウオッカ製造で莫大な富を築いたタリッツァ村にも訪れています。先に連絡を受けていたポーランド人工場長とその妻が、警察官などと近郊まで出迎えていました。

同地域はかつて鬱蒼《うっそう》とした大森林があるだけでしたが、工場が建ってからは市街地として発展、小学校、郵便局、警察署、そしてパクレフスキーの名前がついた停車場までありました。パクレフスキー家は王宮のようでした。

福島はウオッカ製造工場を見学した後、出張先のパリから戻ってきたパクレフスキーの子息らと工場長の家で食卓を囲み談笑しました。パクレフスキーの子息が、ポーランド人の蜂起の様子を説明し出したところ、一同は憤りと悲しみの感情を抑えることができなくなったそうです。ロシアに捕らえられた囚人たちは、ポーランドからオムスクまで炎天下あるいは氷雪の上を10カ月も歩かされたというのです。

福島がこの地を去る時には、ウオッカ工場の役員や夫人、令嬢たちが馬車や騎馬でパクレフスキー停車場の前まで見送り、姿が見えなくなるまでハンカチや帽子を振って別れを惜しみました。

シベリア開発のため、多くの労働力を必要としていた19世紀末の帝政ロシアは、ポーランド人の犯罪者や政治犯を次々とシベリアへ送り込んでいました。貧しいシベリアではコレラも流行しており、福島が通過する町々では広場に死体の山が築かれ、「死の町」のような静けさに覆われていたといいます。

欧州列強やロシアにとって〝ひよっこ〟だった日本

1893年6月12日、単騎馬遠征を終えた福島は、ウラジオストクから愛馬と共に東京丸で横浜港へと向かいました。6月29日、横浜港から新橋《しんばし》駅へ。児玉源太郎《こだまげんたろう》陸軍次官(1852~1906)や家族も出迎える中、明治天皇の使者より勲三等旭日重光《じゅうこう》章も授与されました。帰着の知らせは国内外に伝わり、「世紀の壮挙」などと報じられました。翌6月30日の『東京朝日新聞』記事には、「新橋停車場には大群衆が繰り出し、満都狂するが如きの歓迎を受け」「此の絶大の偉業をなしたる、此の全国人士の歓迎を受くる、福島中佐其人の容貌風采《ふうさい》なりとも一見せばやと、四方より集まり来る老若男女は、其数果して幾千万なるを知らず」などと記されています。

前出の『日本・ポーランド関係史』には、スタニスワフ・カジミェシュ・コッサフスキという人物による、福島の単騎馬遠征にまつわる論評が掲載されていますので、一部をご紹介しましょう。
——（前略）全旅程を騎馬で通したといい、これらの町々を好感の持てる物腰と機転と知性とでもって走り抜けただけでも十分賞賛に値するが、感嘆の的となったのは、14カ月（実際は16カ月）の困難な旅に耐え抜いた並外れた忍耐強さであった。福島の接待にあたったのは大佐以下の将校たちであったが、そのうちの一人、アレクサンデル・ネヴィヤントという将校は、この「日本のモルトケ」の旅について某ロシア紙に一文を物している。

（中略）

餌を食《は》む愛馬の脚に包帯を巻いてやっている、いかにも聡明そうな目をした小柄な日本人が、数年後に日本軍部隊の指揮官として北京の城壁の下に立つことになろうとは、さらにその数年後にロシア遠征の立案者の一人として、まさに「日本のモルトケ」として世界に名を知らしめることになるとは、誰も予想だにしなかったに違いない。茫漠《ぼうばく》たるロシアの大地を一人の日本人が単騎馬横断したことが、近年の出来事にこれほど重大な役割を果たすことになろうとは、誰も考えつかなかったであろう。にもかかわらず、このとき、彼は手厚い熱烈とも言うべき歓迎を受けたのである。わが郡のポーランド系住民からは、ヴォルツェヴィチ夫妻がウチャヌィ付近で福島を迎えた（後略）——

「モルトケ」とはヘルムート・カール・ベルンハルト・グラーフ（伯爵）・フォン・モル

トケ（1800〜1891）のことで、プロイセン（ドイツ）の軍人で、天才的な戦略家としてその戦争理論は後世に大きな影響を残しています。1年半のドイツ派遣の間にモルトケの戦略を徹底して研究したのが薩摩藩出身の陸軍将校、川上操六《かわかみそうろく》（1848〜1899）でした。彼が福島にロシアの東方進出の意図や進捗《しんちょく》状況に関する情報収集を命じたとされています。

そして、前出のルトコフスカ教授は、「日本の目的が、ロシアとその軍備、領内各地点に配置されていた部隊数、あるいはシベリア横断鉄道の敷設状況に関する情報収集であることは、ロシア側も十二分に承知していた」「ロシアを脅かすような水準の活動ではないと判断し、まだ日本を手ごわい敵とは見ていないがゆえに、福島を手厚く遇し、全旅程にわたって援助を与えた」「福島が敬意を表されたのは、騎手としての手綱《たづな》さばきの巧みさ、大胆さ、忍耐強さゆえであった」と総括しています。

開国から数10年、近代国家へ歩み始めたばかりの日本は、欧州列強やロシアの目からは〝ひよっこ〟だったのです。

他人事《ひとごと》ではないポーランド民族の悲劇

19世紀から20世紀初頭にかけて、一説には15万から20万人のポーランド人が旧祖国から東へ約7500キロメートルの酷寒の地、極東シベリアに送り込まれていました。鉄道敷設に始まり「未開の地」の開発に邁進《まいしん》していたロシアの政策により、大人数のポーランド人と日本との〝物理的な距離〟が意図せずして近づいたのです。政治犯として囚われた人々をはじめ、土地を奪われたシュラフタ（ポーランドの貴族階級）、専門技術を身につけたポーランド人なども彼《か》の地にいました。

福島のシベリア単騎馬遠征がもたらした様々な情報は、日本と亡国ポーランドとの間で史上初、なおかつ〝特別な関係〟として発信していきました。ポーランド民族の悲劇、ポーランドの分割や独立運動などの情報が日本へも伝わり、それに関する記事や書物が発表されるようになったのです。

政治小説も上梓されました。東海散士《とうかいさんし》による、長編小説『佳人之奇遇《かじんのきぐう》』です。物語はポーランドのみならず、ヨーロッパ列強の帝国主義の犠牲に供された弱小民族の悲史が語られています。

東海の本名は、柴四朗（1852〜1922）。小説家で新聞記者、そして政治家でした。ハーバード大学、ペンシルベニア大学などで経済学を学び、帰国後に発表した『佳人之奇遇』は全8編（16巻）、1897（明治30）年まで続き、好評を博しました。

柴四朗は『大阪毎日新聞』主筆などを経て、1892（明治25）年の総選挙で当選し政治家に転身していますが、その後も東海散士の名前で執筆活動を続け、大隈重信《おおくましげのぶ》・板垣退助《いたがきたいすけ》連立内閣の農商務次官、1915（大正4）年には外務省参政官に就任しています。

次にポーランドの名前を日本に広めたのは、歌人で国文学者である落合直文《おちあいなおぶみ》（1861～1903）でした。『騎馬旅行』という長い詩の中の一部の「波蘭懐古」は、福島の単騎遠征中の感想を落合が詩にしており、軍歌（1～8）として広く親しまれました。（1、2、5～8略「軍歌大全集」より）

3.
独乙の国もゆき過ぎて
露西亜の境に入りにしが
寒さはいよいよまさり来て
降らぬ日もなし雪あられ

4.
寂しき里に出でたれば
ここは何処と尋ねしに
聞くも哀れやその昔
滅ぼされたるポーランド

落合直文は宮城県気仙沼市松崎片浜の煙雲館（仙台藩伊達家御一家筆頭「鮎貝家」の居館）に生まれ、国学者の落合直亮《なおあき》の養子になりました。国文学者で近代短歌と詩の革新運動の先駆者でもあった落合は、与謝野鉄幹《よさのてっかん》ら門下を育てています。東日本大震災以降のポーランドによる復興支援活動について第1章で紹介しましたが、ポーランドと気仙沼の縁は、1世紀と少し前からこのような形でもつながっていたのです。

情報将校の福島や政治家に転身した柴四朗をはじめポーランドに強い興味を抱いた各界の有識者たちは、ポーランド民族の悲劇、悲哀に同情を寄せると同時に、欧州列強の植民地化政策が進む中、日本にとっても他人事《ひとごと》ではないと警鐘を鳴らしていたのです。

第3章

日露戦争で急速に近づいた日ポの距離

捕虜にも“おもてなし精神”

松山市内のロシア兵墓地（提供：山本俊秀）

ユゼフ・ピウスツキら独立運動家たちが日本へ急接近

欧州列強によるアジア侵略が続く中、朝鮮半島へ進出した日本と、朝鮮を属国とみる清国とが激しく対立し、日清戦争（1894〜1895）が起こります。福島安正は第一軍参謀として出征、大鳥圭介《おおとりけいすけ》駐韓公使を動かし、対韓強硬論を唱えています。

日清戦争に勝利した日本は、1895（明治28）年4月17日の日清講和条約（下関条約）により、遼東《りようとう》半島、台湾、澎湖《ほうこ》諸島を割譲されますが、ロシアと欧米列強は清国における日本の勢力拡大を懸念し、遼東半島を返還させました。その後、山東省から全国各地に拡大していった義和団の乱（1900年）では、西洋列強の公使館が集中する地区が包囲され、外国人宣教師や日独公使らが殺害される事態へと発展、福島は臨時派遣隊司令官として北京に赴任しました。

日本はその頃、遼東半島の25年間の租借権と南満洲鉄道の敷設権をロシアが獲得したことに不満を募らせていました。朝鮮を巡るロシアとの駆け引きが続く中、日露関係は急速に悪化していきます。

〝共通の敵〟がロシアとなったことで、ポーランド人の独立運動家たちが日本に急接近します。特にロシア領ポーランドでは独立の気運が高まっており、1890年代に始まった政治運動が成熟の時を迎えていたのです。

とはいえ、日露戦争の行方については半信半疑だったようです。強大なロシアとの戦争であり小国の日本に勝ち目はない、というのが大方の見方でした。ただ、緒戦における日本軍勝利の報が伝わると、ポーランドの独立運動家たちは日本への関心を高めます。

ポーランド社会党（PPS）の指導者の中から頭角を現わしていたユゼフ・ピウスツキ（1867～1935）も、日本との接触の機会をうかがっていました。

現在はリトアニアに属するヴィルノ地方のシュラフタ（ポーランドの貴族階級）出身で、当時ロシア政府に禁止されていたポーランド語の読み書きとポーランド民族の歴史を母親から兄弟と共に学び、民族蜂起を賛美する社会風潮の中で育ちました。

ハリコフ大学で医学を学んでいる最中、ロシア皇帝アレクサンドル三世暗殺未遂事件への関与の嫌疑で、5年間、中央シベリアのバイカル湖周辺へ流刑にされました。故郷へ戻り1年もたたない中、ポーランド社会党の創設メンバーの中心的な存在となり、1900年に再逮捕、収監されますが仲間の手により救出されたピウスツキは、ロシアに対する積極的行動、すなわち武装闘争による独立の達成を呼びかけていきます。

時を同じくして、穏健な右派グループも動き始めていました。ワルシャワ大学生物学部を卒業後、作家のジェロムスキと共に労働者の啓蒙《けいもう》運動に取り組んでいたロマン・ドモフスキ（1864～1939）を指導者とする民族連盟です。ドモフスキの主張は、「全体に対する個人の責任感を育《はぐく》むことで、民族の性格を近代化する必要がある。そのために必要なのは民族的一体性であり、出自による特権は廃止すべきである」でした。彼はまた、高水準の文化と経済を有するドイツの方が、ロシアよりも危険だと考えていました。

ウィーン、ロンドンでの日ポの接触

その他、保守的な地主や手工業者から成る宥和《ゆうわ》派が、ウィーンで現実政策党を結成していました。同党は言語・宗教・自治における一定の改革を、あくまでロシアの保護下で望んでいました。同党を代表するポーランド人の一人、ヴォイチェフ・ジェドゥシツキ伯爵（1847〜1909）は、駐オーストリア日本公使の牧野伸顕《まきののぶあき》伯爵（1861〜1949）とウィーンで接触し交流を持っています。牧野公使は大久保利通《おおくぼとしみち》の次男で、その後、文部大臣や農商務大臣などを歴任、1920年代からは昭和天皇の顧問でした。

ポーランド社会党も、ウィーン経由で日本に連絡を取ろうと試み牧野公使へ書簡を2度送りますが、慎重派とされる牧野公使がジェドゥシツキの要請に従ったのか、返信を得ることはできませんでした。そのため英国経由に決めて、林董《はやしただす》駐ロンドン全権公使へ手紙を送りました。その内容に関心を持った林公使は関係者と会見し、一部始終を小村寿太郎《こむらじゅたろう》外相に電報で報告しています。

ワルシャワ市のピウスツキ広場。ユゼフ・ピウスツキ元帥の銅像が1995年に建立され、中央広場から改名。祖国独立運動に献身した彼の名誉は、共産政権の崩壊後に回復された。無名戦士の墓の前では、毎日正午に衛兵交代式が行なわれる。

詳細は省きますが、『日本外交文書』（第37巻第二冊）によると、ポーランド社会党は「外国に流浪するポーランド人の中から、日本軍のためのポーランド人の軍隊を召募する」「ロシア軍に徴兵されたポーランド人兵士と予備役を日本軍に投降するよう指示を出す」「シベリア鉄道の破壊工作」などを日本側に提案しています。

小村外相はシベリア鉄道の破壊工作に大きな関心を抱いていましたが、国際法に抵触しうるという理由で資金援助を与える決定には至らず、回答を先延ばしにしていたようです。ポーランド社会党の関係者からは、日露戦争前と開戦後、ロシアの各軍管区からロシア軍に徴募された兵員数に関する情報なども、林駐ロンドン全権公使を経由して日本に伝わっていました。

また、日露戦争勃発後の3月14日、ポーランド社会党が組織した日本支持のデモがワルシャワで行なわれ成功裡に終わっています。ポーランド社会に日本軍勝利の噂が飛び交うようになり、〝モスクワ人撃破〟への闘志に火がついたのでした。

軍事情報に関心を注いでいた陸軍の参謀本部は、ユゼフ・ピウスツキの東京訪問の可能性を検討し始めていました。ウィーンでは宇都宮《うつのみや》太郎《たろう》大佐（1861〜1922）、そしてロンドンでも日ポの関係者で会談が行なわれました。ピウスツキは、シベリア鉄道破壊などロシア軍に対する様々な工作をする代わりとして、日本政府からポーランド革命運動への金銭や武器提供を含めた援助を求めたいと考えていました。ピウスツキは、ロンドンにおいて小村外相宛てと参謀本部宛ての紹介状を2通受け取りました。参謀本部次長に昇格していた児玉源太郎、そして第二部長となっていた福島安正にピウスツキを紹介するという内容でした。

一方の民族連盟の指導者で穏健派のドモフスキも日本を支持し、ロシアに対抗することを表明しましたが、ピウスツキ率いる社会党の動きがポーランドにとって不利益になると考えていました。そのため、これを阻止するためにも訪日の機会をうかがっていました。日本が民族連盟に最初に接触してきたのは1904（明治37）年3月、日露戦争を指揮した明石元二郎《あかしもとじろう》（1864〜1919）の肝いりとされます。日清戦争に従軍して義和団事件の鎮圧にも加わった明石は当時、参謀本部直属として中立国スウェーデンのストックホルムの公使館に派遣されていました。ドモフスキとクラクフで面会した明石は彼の訪日を支持し、参謀本部の2人、やはり児玉と福島との面会のための紹介状を与えました。

ロシア軍兵士として日本と戦うポーランド人兵士を投降させるという提案は、ロシア軍全体の士気を低下させ、ロシア軍司令部を否応なく混乱に陥れることになると明石は考えたのでした。

社会党と民族連盟、2大指導者が東京で9時間もの激論

民族連盟のドモフスキは1904（明治37）年5月15日から7月22日まで日本に滞在し、参謀本部の児玉・福島とも面会してロシア情勢とポーランド情勢に関する2通の覚書を作成しています。社会党のピウスツキ他1名も、約2カ月後の7月10日に横浜に到着、翌日から東京に入っていますが、参謀本部との会談は「儀礼的な性格のものだった」ようです。というのも、児玉と福島は在満洲日本軍総司令部とその一員として、6月に離日してしまっていたのです。

ピウスツキは滞在中、日本側に以下のようなことを伝えています。

ロシアは大国ではあるけれど、宗教的・文化的に多様な諸民族の寄せ集めであり、ロシア化政策に苦しむそれら諸民族は強力な反対派を形成し、機をとらえて帝国を崩壊させようとしていること。ポーランド人はロシア帝国内の被支配民族の中で最大の人口を有し、フィンランドと並んで最も文化的であり、商人、技師、手工業者、さらには官吏や軍の将校にもなっていること。ポーランド人は諸民族の中でも政治的野心が旺盛で、1世紀に及ぶロシアとの戦いを交えていること。ポーランドにおける革命運動は、現段階ですでに組織化された一大勢力を成していること。

ピウスツキはさらに、他の被支配層を糾合《きゅうごう》しつつ軍事活動を組織する力量があるのは

ポーランド人、とりわけ社会党だけであることも強調しました。

社会党と民族連盟の手法、その指導者であるピウスツキとドモフスキの性格はかなり異なり、ライバルという以前に敵対すらしていました。しかし、日本と連帯することによって、シベリアのポーランド人捕虜が日露戦争後にロシアへ送還されることなく、行きたい国へ行けるよう配慮してほしいこと、ポーランドの独立を目指している点では一致していました。

牽制《けんせい》し合ってきたピウスツキとドモフスキは、滞在中の東京で偶然出会い、9時間に及ぶ激しい議論を行なっています。その際、ピウスツキと正反対の考えであることを改めて悟ったドモフスキは、「ポーランドで全国的な反乱が起きれば、日本にとって無益どころか、極東で被《こうむ》った敗戦の挽回《ばんかい》をうかがうロシアの思うつぼであり、蜂起の勃発の回避こそがポーランド人にとって最良の方法」との持論をしたため、3通目で最後の覚書を外務省へ提出しています。

一方、この極東情勢こそがポーランド民族が長年、望んできた独立のための千載一遇のチャンスと考え、「日本軍のためのポーランド人の軍隊を召募する」とまで提案し、日本と協定を結び同盟関係になる使命を背負って訪日したピウスツキですが、目的を果たすことはできませんでした。

日本は「国家として存在しない」ポーランドへの政治問題には関心がなく、自らが関わっていない国際問題に巻き込まれることも望まなかったのです。ピウスツキにとっては、ジレンマだらけの日本外交デビューだったと考えられます。

ただ、フランス語、ロシア語、ドイツ語、英語を理解し、欧州での経験も人脈も豊富な明石元二郎による、ポーランド人への特別な態度は、参謀本部に宛てた報告書『落花流水』からも読み取れます。ストックホルムの公使館を拠点にフィンランド人の独立派指導者との密接な関係を保ちつつ、ロシアの諜報活動を行なっていた明石は、「ロシアのアキレス腱《けん》は民族問題」「欧州における後方攪乱工作が、ロシアの弱体化に有効」と考えており、武器・弾薬の購入資金をポーランド社会党へ提供し、それと引き換えにポーランド側はロシアの対ポーランド政策や軍の動き、動員の経過、社会情勢といった情報を定期的に日本側へ提供する関係にあったのです。

光は東方から――「日本の勝利は道徳的な力の勝利である」

『日本・ポーランド関係史』にて、ルトコフスカ教授は「日本との協力と日本訪問がピウスツキとドモフスキ両人の世界観に少なからぬ影響を与えている」と総括しています。ピウスツキは軍事研究に益々没頭していきますが、日露戦争時の日本軍司令官の戦術戦略を先駆的と考え、なおかつ日本軍の士気の高さや将校の有能さに魅了され、後のポーランド軍となる私設軍隊を1908年に創設。123年ぶりにポーランドを独立へと導き国家主席兼軍最高司令官（1919～1922）に就任、その後も軍事大臣（1926～1935）と首相（1926～1928、1930）を兼任しています。

ドモフスキは帰国後の1904年9月から12月にかけて、『全ポーランド評論』にて「光は東方から」という論文を3回連載しており、ルトコフスカ教授は、「ドモフスキの中で、人間や民族のとらえ方、ナショナリズムの理解に変化が生じ、それは終生尾を引くことになるのである」と論じています。

ドモフスキが記した、「光は東方から」の一部を紹介しましょう。

「日本の勝利――それは万人の認める物質的な力に対する道徳的な力の勝利である」

「日本は偉大でならねばならず、未来永劫生きながらえねばならない――それをそのすべての息子が望み、そのためならすべてをなげうつ覚悟がある。この熱意、すべてを捧げるという心構え――それこそがまさしく日本の財産であり、強さの源であり、勝利の秘訣なのだ」

「20世紀もの長きにわたり国家として存続してきたという、その連続性の力は、この民族を統合し団結させた。その結果、日本人においては集団的本能が個人的本能を凌《しの》ぐことになった。日本人は個人である以上に社会の成員なのであり、自らの行動においては個人的利益より全体の利益を優先する」

わずか数カ月の日本滞在で、日本人と日本社会をこれほど深く理解できる民族、共感を言葉にしたり行動につなげたりする人材は、地球上にどれほどいるでしょうか。

合言葉は「MATSUYAMA」

1905（明治38）年5月27日、28日、東郷平八郎元帥率いる連合艦隊とロシアのバルチック艦隊が日本海海戦で激突します。この海戦で、連合艦隊がロシア艦隊の大半の艦船を撃沈もしくは大破させました。

「万歳！」「万歳！」「万歳！」

このニュースが日本に伝わると、自国の勝利のごとく狂喜したロシア軍兵士がいました。前年2月からの日露戦争でロシア軍兵士として戦い、投降して愛媛県松山《まつやま》市の収容所などに送りこまれていたポーランド人捕虜たちでした。ロシアの敗戦が濃厚となる中、長い間待ち続けた祖国回復のチャンスが訪れたことに歓喜したのです。

現在の『愛媛新聞』の前身となる一紙『海南新聞』の「俘虜彙聞《ふりょいぶん》」（明治38年7月12日）には、「……一番町収容所に居る波蘭人某将校は過日も日本海、戦で我が軍の大勝利となつた事が新聞号外に出たと聞き手を打つて喜び狂せん計りに踴躍し所謂手の舞ひ足の踏事を知らぬ有様であつたが近頃又本国の内乱を大に悦び喜悦のあまり殆ど発狂せん計り……」と、捕虜のポーランド人将校が、日本海海戦での大勝利を知らせる新聞号外に「狂喜乱舞した」こと、旧ポーランド領内での近頃の内乱（おそらく、独立派によるデモ）にも「発狂せんばかりの喜びようだった」と記されています。

日露戦争時の捕虜については「ロシア人捕虜」と言いがちですが、当時のロシア帝国の陸海軍はロシア人兵士だけではなく、ロシア軍兵士として徴兵されたポーランド人やウクライナ人、タタール人、ユダヤ人、フィンランド人などが混ざった多国籍軍でした。ロシア帝国による従属民族への差別支配がロシア軍にも反映しており、内部の対立が激しく、そもそも日本と対戦する気持ちのない非ロシア人兵士が多かったのです。

日露戦争が開戦した3カ月後の1904年5月15日から日本を訪れていた民族連盟のロマン・ドモフスキは、外務省の通訳官の川上俊彦《かわかみとしつね》（ポーランド独立後の初代駐ポーランド公使）が同行する形で、6月に松山のポーランド人捕虜の収容所へ行き、前線の様子についても尋ねています。その際、「旅順に駐留する軍隊にはポーランド人の割合が多く、ハルビンに駐屯していた師団の中にもポーランド人が多数含まれていた」「ロシア人を敵視しているため、師団の士気は振るわず軍隊からの逃走を企てる者も少なくない」などと返答したとされます。政治犯としてシベリアへ流刑にされていた〝愛国者〟のポーランド人が、旧満洲にロシア軍兵士として大量に送られていたのです。

ユゼフ・ピウスツキを指導者とするポーランド社会党は、ポーランド人兵士と予備兵に「敵の敵は友」であることを強調したビラを撒《ま》き、投降を呼びかけました。前線ではいつしか、ポーランド人兵士に限らず「ＭＡＴＳＵＹＡＭＡ」が投降への合言葉になりました。日本に収容された捕虜は７万２０００人以上で、その中にポーランド人は４６００人以上いたとされます。

日露戦争開戦時に捕虜収容所が全国29カ所に設けられましたが、最初にできたのが愛媛県松山市でした（明治37年2月27日）。なぜこの地が選ばれたかについては、四国は海に囲まれているため逃亡が困難なこと、道後《どうご》温泉が傷病者の慰安と治療に適しているなどが、その理由だったようです。松山の収容所は、戦地から送られてきた傷病捕虜の治療を最初に行なう場所とする役割があり、病室も開設されました。

浜寺《はまでら》（現大阪府堺市）と千葉県習志野《ならしの》の収容所にも病室が開設されましたが、松山へは日本赤十字社の救護班が派遣されたため、陸軍の報告書の他に各救護班による『救護報告書』など様々な記録が残りました。

ロシア軍捕虜と松山の収容所の記録については、『マツヤマの記憶―日露戦争１００年

夏目漱石はじめ〝明治文学ゆかりの地〟でもある道後温泉

とロシア兵捕虜』（松山大学編／成文社／２００４）、『松山捕虜収容所日記―ロシア将校の見た明治日本―』（F・クプチンスキー　小田川研二訳／中央公論社／１９８８）、『日露戦争と人道主義―松山俘虜収容所におけるロシア傷病者救護の検討―』（日本法学　第80巻第2号／喜多義人・日本大学講師／２０１４年10月）など、数々の文献や資料から詳細を知ることができます。

捕虜にも〝おもてなし精神〟

捕虜といえば「奴隷のような扱い」をイメージしがちですが、日本は敵国ロシアからですら「人道的」「国際法順守の模範国」などと称賛されました。

その背景の１つとして、赤十字国際委員会が１８６４（元治元）年に採択した史上初の傷病者保護条約であるジュネーヴ条約に加盟していた日本は、その普及に尽力していたことが挙げられます。１８９９（明治32）年5月には、オランダの第1回ハーグ平和会議で「陸戦ノ法規慣例ニ関スル条約」が採択され、「ジュネーヴ条約ノ原則ヲ海戦ニ応用スル条約」が適用された最初の戦争が、日露戦争だったのです。

「陸戦ノ法規慣例ニ関スル条約」は、捕虜の待遇に関して以下のように規定しています。一部を紹介しましょう。

■第四条第二項
俘虜は人道を以て取扱わるべし。
■第七条第二項
交戦者間に特別の協定なき場合に於ては、俘虜は、糧食寝具及被服に関し之を捕えたる政府の軍隊と対等の取扱を受くべし。

食費を例に挙げると、将校には毎日60銭以内、下士卒には30銭以内と定められていました。肉とパンといった食材や食習慣を考慮したようですが、自国の兵卒の食費が1日あたり16銭前後だったことからも破格の厚遇だったのです。収容所についても高い塀や網に囲まれた牢屋のような建物ではなく、松山では寺院や公共施設、民間の建物を借り上げて、捕虜を収容し病室としても使っていました。送られてきた兵士がたとえシラミだらけでも、伸び放題の頭髪や髭《ひげ》のカットまで看護師ら救護員が行なったのです。

治療は松山病院内に開設された日本赤十字社松山臨時救護所他、複数箇所で行なわれていましたが、看護師ら救護員は入浴できない重症者の身体を拭いてあげ、排泄物を処理し、夜の見回りでは冷えないよう布団をかけ、病室の清掃や下着などの洗濯まで行なっていました。さらに、勤務の合間にはロシア語の自習もしていました。

こういった献身的な働きぶりが、負傷兵たちの猜疑《さいぎ》心や警戒心を徐々になくさせ、日本の医療技術についての信頼にもつながり、打ち解けていったようです。関係資料には「看護師の手厚い看護に捕虜が癒された」との記述が散見しています。また、温泉とマッサージによる治療は神経障害と機能障害に対して相当に効果があり、争うように入浴を希望し、病院側も可能な限りこの方法を採ったことも記録されています。

病院に娯楽室や祈禱《きとう》室が設けられたり、敷地内に庭園、テニスコート、ジム設備が設けられたり、コーヒーやチョコレート、パン、バター、カステラなどの販売が行なわれたりしました。一般国民も慰問に訪れ、日用品、飲食物、煙草、現金や遊戯具などが届けられました。収容所の1つ、公会堂では、捕虜がカナリアやジュウシマツなど小鳥を愛育していました。

松山では県から「捕虜は罪人ではない。祖国のために奮闘して敗れた心情を汲み取って侮辱を与えるような行為は厳に慎め」と何度も訓告を発したとされます。そのため軍人はもとより警察官や役人、民間人にまで「人道的な対応」が浸透していたようです。

1904年9月には、伊予鉄道の井上要社長はじめ有志たちの発案で、松山での捕虜を汽車の1等席に乗せて郡中《ぐんちゅう》（現伊予市）の彩浜館へ招待しています。彩浜館では婦女子が茶菓子の接待をしたり、庭で青年団たちが弓道の実技を披露したりしました。捕虜たちは、五色浜《ごしきはま》沖の鯛網漁も遠望しています。

別の捕虜たちは、高浜で開催された松山中学のボートレースに参加したり、道後公園での第一尋常小学校の運動会を見学したり、日露対抗自転車競走に参加したりしました。この自転車競走は、道後湯之町の御手洗《みたらい》商店が下士卒を気遣っての発案でした。将校に対しては、慰問も物品の寄付も多く自由に散歩も許されていたのですが、下士卒はそうではないため同情を寄せたのでした。道後温泉の入浴も兼ねた競走会を、下士卒は特に喜んだとされます。

日本の勝利が決定的となり、日露両国代表が米国ポーツマスにおいて講和会議を始める頃、松山では、敵国に従軍した元兵士のために多種多彩な〝国際交流イベント〟を催していたのです。

１９０６（明治39）年の赤十字国際会議の席上、各国の委員は日本の傷病者救護について「日本はジュネーヴ条約を厳守したのみならず、この条約が完全に実戦で適用されることを証明した」と絶賛し、敵国ロシアからも捕虜の厚遇について謝意が表せられました。

真面目な日本人らしく、上からの通達もあり国際法を順守したのかもしれませんが、それだけではなく、日本人らしい思いやりと〝おもてなしの精神〟が無邪気に発揮されたのではないでしょうか。

民間人にとって〝敵人〟との感覚は希薄だったのでしょう。将校ら負傷者たちは帰国前、看護師や救護員、日赤社長に宛てた感謝状を贈っています。

なお、「負傷したロシア軍兵士に対して初治療を行なったのは、ロシア軍衛生部隊よりも日本軍衛生部隊の方が多かった」ことも調査資料から分かっています。これは日本軍が戦場でも積極的にロシアの負傷者を収容し、治療したことを示しています。

日本人女性と結婚して帰化したい

『海南新聞』（明治37年7月10日）には、「今日迄に松山に収容されたる露國俘虜兵中には約1割のポーランド人……波蘭人に次ぐ異人種は猶太人……」との記述があります。早々に日本軍へ投降したポーランド人、ユダヤ人が多くいたことが分かります。

社会党のユゼフ・ピウスツキと民族連盟のロマン・ドモフスキ両者は、日露戦争の最中、日本政府にそれぞれ接触して同様のことを要請していました。それは「日露戦争で捕虜となったポーランド人兵士を、ロシア人兵士と分ける配慮をしてほしい」という処遇についてでした。日本政府は、その要望を基本的に受け入れています。

松山では、雲祥寺がポーランド人兵士の主な収容所として使われました。『海南新聞』

（明治37年7月20日）には、「波蘭人ばかりで新来俘虜中の八名と昨日退院の下士一名を加へて九十二名」と記されています。また、ポーランド人について、「ロシア人と比べると性格が柔和なようだが、怠惰なようにも見える」「慎み深い」といった印象も記されています。ところが9月5日晩の提灯大行列では、日本軍が遼陽《りょうよう》を占領し戦況が有利となる中での大行列だと知っていた雲祥寺のポーランド人捕虜一同は、見学しながら「喜び叫んでいた」そうです。

育ちの良さなのか若さなのか？　を思わせるエピソードも残っています。ポーランド人のリウドーウク・クラウゼ中尉他1名は、市街地を自由に歩ける許可が出たにもかかわらず、一向に外出したがらなかったそうです。理由を尋ねると、「ボロボロの軍服とボロ靴のままでは、女性たちの目も気になり恥ずかしい。服と靴を新調してから、外に連れ出してほしい」との返事でした。

しかも、監督委員の陸軍池田中尉の茶色の夏服をスリスリと触りながら「立派で綺麗で粋《いき》だから、そっくりそのまま同じ服を新調してほしい」と希望したそうです。仕立屋に来てもらい、完成するまで「今日、服は届く？」「明日？」と待ちきれない様子だったといいます。

「雲祥寺収容所内ニ於ケル下士以下ノ祈禱」（日本赤十字社愛媛県支部提供）（１９０４年

6、7月）には、〝笑点のネタ〟に使われそうなエピソードも残っています。捕虜の中で下士卒は飲酒を許されていなかったのですが、ポーランド人の捕虜に、洋酒のコニャック（当時は「コンニャック」と記しました）を買うよう頼まれた雲祥寺の僧侶が、近くの店で「こんにゃく」を買ってしまったという話です。

「俘虜取扱規則」第6条には、「俘虜ハ軍紀風紀ニ反セサル限リ信教ノ自由ヲ有シ且其ノ宗門ノ礼拝式ニ参与スルコトヲ得」と記されていたことから、カトリック松山教会がカトリック教徒のポーランド人のために雲祥寺で毎週ミサを行なっています。病死したポーランド人兵士の葬儀も、フランス人宣教師シャロンが執り行ないました。

「収容所が寒くて風邪が治らない」「バラック病舎（臨時の収容施設）を、患者らは『牛小屋』と呼んでいる」などファシリティの問題も多々あったようですが、ポーランド人を筆頭とする非ロシア人兵士にとって、松山での捕虜生活は総じて〝悪くない環境〟だったのでしょう。捕虜の中には看護師を慕い、収容所の移転を嫌がる者、帰国したくないから戦争が当分続くことを願っている者、1905（明治38）年9月5日にポーツマス条約が締結され捕虜引き渡しが始まったのですが、日本帰化を望む者が少なからずいたことも記されています。

ポーランド人将校の1人は、日本人女性との結婚すら考えていたようです。『海南新聞』

（明治38年7月12日）には、「……其将校は頗《すこぶ》る好色家であるが相当の教育ある人間で慎み深く容易に色に現はさゞれども何とかして日本の相当教育ある女を我が妻とし平和克復の後には日本に帰化して一生を送りたいなど、心私かに期し抵《いた》る処で適当の女を得んと漁り居るとの事である」との記述があります。

「好色家」との表現は色キチガイや変態のようなニュアンスで可笑しいですが、現代的に綴れば、「女性への関心が強いようだが、相当に知的でなおかつ謙虚なポーランド人将校が、教養ある日本人女性と結婚して一生を日本で送りたいと願っており、候補を真剣に探している」といった話なのでしょう。

日ポ共同調査で1世紀を経て御霊の〝出自回復〟

異国で帰らぬ人となった兵士もいます。傷病等や松山へ来る船内で亡くなった捕虜98人は、旧陸軍が妙見山《みょうけん》の山頂（現在は松山大学御幸《みゆき》キャンパス）に作った墓地に埋葬されましたが、1960（昭和35）年に現在の松山市御幸1丁目へ墓地が移りました。

墓地の名称は長らく「ロシア人墓地」でしたが、近年「ロシア兵墓地」に改称されました。それは、2008（平成20）年よりワルシャワ大学東洋学部日本学科長のエヴァ・パワシュ＝ルトコフスカ教授と日露関係史が専門の稲葉千晴・名城大教授らが日本各地の外国人墓地などを巡る共同調査を行なった際、ポーランドの当時の資料と名簿を照合することで、松山の「ロシア人墓地」への埋葬者のうち12人は、ポーランド人であることが判明したためです。

ポーランド人兵士の捕虜収容所の1つとして使われた松山市の寺に、ポーランド人101人の名前が記された名簿が残っていたのです。

数年にわたる日ポの共同調査の結果、北海道から奄美《あまみ》大島までの15都道府県で94人のポーランド人捕虜の墓を確認し、そのうちの37人が〝ロシア人〟として埋葬されていることも分かりました。1世紀を経てしまいましたが、御霊の名誉回復ならぬ〝出自回復〟ができたのです。

ロシア兵墓地は、ゴミ1つなく整然としています。それは、今日に至るまで地元の市立勝山中学校の生徒や墓地保存会のボランティアなどが、清掃活動や献花を行なってきたためです。市による主催で、慰霊祭も毎年実施しています。

「日本人に出会ったら親切にして恩返しをしてほしい」

1993年から1997年まで在ポーランド日本国大使館の大使を務めた兵藤長雄元大使（1936〜2017）の著作、『善意の架け橋』（文藝春秋／1998）の第1章「日露戦争とポーランド」に記された、関連するエピソードをご紹介しましょう。

兵藤氏が外務省に入省後の1961（昭和36）年、英国の陸軍学校へ入学した頃の話です。ロシア語の専門家を目指していた兵藤氏の希望が受け入れられ、戦後初めての日本からの研修生として送られたそうです。初めて踏む異国の地で緊張の毎日を送る中、父親のように親切にしてくれる1人の老人がいました。

陸軍学校のロシア語担任の先生で自称グラドコフキ、第一次世界大戦後にポーランドが独立を取り戻した時代にポーランド陸軍の将校でしたが、第二次世界大戦でドイツとソ連に分割占領された後、ロンドンに亡命し、時のポーランド亡命政権に参加して終戦後そのまま英国に住みついて、同職に就いていました。

グラドコフキ先生は兵藤氏を自宅に何度も招き、奥さんの手料理をご馳走してくれ、「分からなかったらいつでも来なさい」と声をかけてくれたそうです。

「なぜ、こんなにまで私に親切なのでしょうか？」

ある時、兵藤氏が思い切って尋ねてみたところ、先生の父親は日露戦争に召集されて参戦し、捕虜となり日本——おそらく松山へ、送られたとのことでした。周囲の日本人から痒《かゆ》い所に手が届くほど親切にされ、深い感銘を受けた父親は、温かい心と数々の善意が生涯忘れられず、息子（＝グラドコフキ先生）に捕虜時代の想い出話をして、「お前も父親のために、日本人に出会ったらできるだけ親切にして恩返しをしてほしい」が口癖だったそうです。

幼心にもそれが深く刻み込まれた先生は、機会があれば日本に行きたいと考え、日本に関する文献を集めては読み、また、第二次世界大戦中にポーランド独立運動に加わりソ連で抑留されていた時には、シベリア経由で日本亡命を企てたこともあったそうです。そして兵藤氏に、「父親が受けた日本人からの親切を、貴君を通じてお返しできることは嬉しい」と語ったのでした。

松山をはじめとする日本各地での捕虜生活から帰国した、数千人のポーランド人兵士の日本への好印象は、ポーランドの親日感情の原点と言っても過言ではなさそうです。ロシア人に長らく虐《しいた》げられ、極寒の地シベリアへ流刑にされるなど生活環境が劣悪な中、本意ではない戦争にまで駆り出されたわけですが、その分、異国の日本で感じた〝情〟や〝心豊かな生活〟は、砂漠の中でオアシスに出会った気分だったのかもしれません。

そして日露戦争での日本の勝利は、先が見えない暗闇のトンネルの中でもがき続けてきた不屈の民ポーランド人にとっての一筋の希望の光となり、日本研究へと駆り立てたのです。

第4章

日本研究とアイヌ研究の第一人者

ブロニスワフ・ピウスツキ

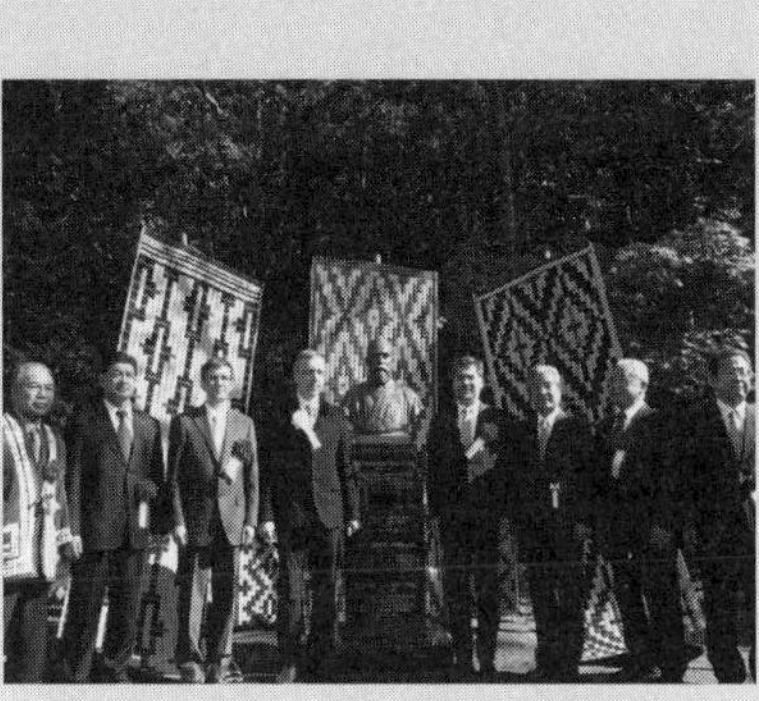

2013年10月、アイヌ民族博物館（北海道胆振総合振興局管内白老町）で
ブロニスワフ・ピウスツキの銅像を囲む両国関係者（提供：ポーランド大使館）

日本関連書物の出版ラッシュ

開国そして近代化に着手してわずか40年余りの日本が、ポーランド人の宿敵で強大なロシア帝国との戦いに挑み、しかも大勝利という結果はポーランド人に強いインパクトを与えました。そして1904年から1905年にかけて、ポーランド社会では日本関連書物の出版ラッシュとなったのです。

タイトルを列挙すると、「日本」「日本と日本人」「日本の印象」「東洋事情—日露紛争—」「当代戦争に関する考察」「戦争—日露戦争のために出版された小冊子—」「士官—日露戦争の結末とは何か—」「日露戦争アルバム」「日露戦争の歴史」「東の国—日露戦争」「東と戦争」「剣を夢見る」「日本—その国と法律—」「日本—その政治的、経済的、社会的特徴」「日本への旅、日本社会」「日本からの手紙」「現代日本」「東アジア、日本、朝鮮、中国、そして極東ロシア」「サムライの女たち」「日本、土地と人」「日本人の鍛錬法」「日本女性の鍛錬法」「Kokoro（こころ）」など。

テーマは戦争関連のみならず、経済や社会、日本人論、日本の歴史や文化など多岐にわたり、欧州言語で書かれた作品の翻訳版や日本を訪問したポーランド人を含む作家や学者、有識者による著書や新聞記事など、長短様々な出版物とその翻訳などでした。欧州におけるジャポニズムの流行とも相まって、芸術方面でも日本がキラ星のごとく注目されていました。

日本美術コレクターで評論家のフェリクス・ヤシェンスキ（詳細は第10章）は生涯、日本の土を踏むことが叶いませんでしたが、この時代を生きていた1人です。ルヴフ大学の動物学者シモン・スィルスキ、南洋群島研究者のヤン・クバリなど、シベリア経由で日本近辺に辿り着いたポーランド人の報告書も発表されるようになりました。

日本語文献の翻訳では、新渡戸《にとべ》稲造《いなぞう》の『Bushidō』（原題『武士道』）、徳富蘇峰《とくとみそほう》の弟、徳冨蘆花《ろか》の『Namiko』（原題『不如帰《ほととぎす》』）、岡倉覚三《おかくらかくぞう》（天心《てんしん》）の『Księga herbaty（茶の本）』（原題「The Book of Tea）などが紹介されました。ブシドウ、サムライといった単語は、この時代から、そのままの音でポーランド社会にも広まったのです。

日本関連書物の出版ラッシュについて、ワルシャワ大学のルトコフスカ教授は、「日露戦争が20世紀前半の日波関係に与えたインパクトについて」で以下のように総括しています。

――作品は概して日本を好意的に捉えているものであり、日本人に対して尊敬の念を示してさえもいる。戦争中、日本は強い国になるために必要な気風の手本を示した。その気風は国土分割に苦しむポーランドがまさに必要としていたものだった。ポーランド人は日本人の勇気に感銘を受けた。近代化の道を歩み始めてわずか数10年の国が、西洋の強国と比較して経験が不足しているにもかかわらず、強大なロシア帝国と戦って勝利したのだ。

ポーランド人はまた、日本人が他の文化から適切な手本を受け入れ、自らの固有の文化に融合させ、自らの力とする能力に感心した。また、日本人の自国を愛する心や、社会全体そして国のために自らを犠牲にする心、忠誠心そして勇気の他に、個人主義および利己主義の欠如についても多く書かれた。——

「日本人の偉大なる美徳は自己抑制と愛国心」

ルトコフスカ教授の論文には、実証主義期のポーランドを代表する作家でジャーナリストの1人、ボレスワフ・プルス（1847〜1912）が「日本と日本人」と題した雑誌シリーズの記事などで言及した日本人の国民性も紹介しています。15歳で1月蜂起に参加するなど、少年時代から愛国独立運動に目覚めていたプルスは、日本に関する文献をもとに、ポーランド人に対して日本人の国民性を手本とする意識変革を望んだのです。ワルシャワ大学の隣の公園にプルスの銅像があり、正門前の書店の名前になっている著名な作家です。

——日本人の魂の奥深くにある特質は、個人の尊厳といった偉大なる感覚であり……その尊厳の柱となっているのは勇気である。それは、あえて強調する必要もないが、先の戦争で日本人が頻繁に証明したものである。……死をものともしない点において、日本人を超える国は存在しない。そしてそれが彼らの本当の強さを形作っている。……日本人のその他の偉大なる美徳として、自己抑制が挙げられる。自らの怒りや悲しみ、喜びを制御できない者は、日本では野蛮人と見なされる。……日本人は常に礼儀正しい微笑で会話をする。しかし、たとえ拷問されたり殺されたりしても、秘密を明かさないだろう。同様に素晴らしいのは彼らの社会的美徳であり、その中で最も優れているのは愛国心である。日本人の愛国心は外国人への憎しみや軽蔑に根ざしたものではなく、己に属するすべてのものに対する愛情に基づいている。軍のために何人かの者がその命を犠牲にして任務を遂行する必要が生じた場合、何人かではなく、何千人もの者が自らその任務に志願するだろう……これが、つい2年前にはヨーロッパ人に「サル」と呼ばれていたにもかかわらず、今は敵国からも尊敬を集める国の姿である。尊敬されたいと思うなら、皆、彼らを手本として努力しなければならない。――

日本人が西洋列強から「サル」と侮蔑的に呼ばれていたことは残念ですが、欧州人特有のアジア人差別なのでしょう。プルスは、「日本人の勇気、名誉、個人の尊厳、自己犠牲の精神、忠実性は、ポーランド人が模倣すべき気質である」「友人の意見は、えこひいきの場合があるが、敵国ロシアからも尊敬されたことは、その価値が本物であることを意味している」などとも記しています。

兎《と》にも角にも、ポーランド人の国家再起への強い想いに意図せずして〝点火〟したのは日本だったのです。

〝複数言語使用者〟としての的確で繊細な日本観察

ポーランドという国家は地図上から姿を消してはいましたが、同化ユダヤ人を含めポーランド人は、それが故に〝複数言語使用者〟でした。教育を受けた人々は占領国のロシア、ドイツ、オーストリアの言語の他に、母語（ポーランド語、イディッシュ語、ヘブライ語など）を身に付けていたのです。

ポーランド人はそもそも優秀な民族であり、識字率も高く、最低2、3カ国の文化的背景を有する民族としての〝進化〟を遂げ、さらに高等教育を受けたり研究を続ける場として、また愛国者の政治活動の拠点としてフランスや英国とも近かったことで、複数言語に裏付けされた情報と、ロシアやプロイセンなど周辺諸国に虐げられ辛酸《しんさん》を舐めてきたからこそ芽生えた複雑な情緒で、日本を理解する能力が際立っていたのではないかと推測します。

日露戦争最中の『海南新聞』の「俘虜彙聞《ふりょいぶん》」に頻出する捕虜の1人で、松山市の公会堂の収容所にいたポーランド人、「夏服の新調を希望」した前出のリウドーウク・クラウゼ中尉（当時33歳）は「風彩と云ひ言語と云ひ実に立派なもの」「独乙（ドイツ）語でも仏蘭西（フランス）語でも墺地利（オーストリア）語でも英語でも巧みに話せる」との評価が残っており、捕虜を監督する陸軍中尉や記者との会話などにおいてキーパーソンだったようです。

外国語新聞の購読を許され、『ジャパンタイムズ』を読んでいたため戦況にも詳しかったのでしょう。また、雲祥寺の方だったようですが、折々、ポーランド語の新聞も送られていました。

「欧州各国の諸地方で農業を見ている」と語っているクラウゼ中尉は、松山近郊の農家を参観した際、その農業技術の水準の高さ——水田の給水や引水システムにまず感服し、その上で、「支那や朝鮮は無論のこと、他のどこの農民もボロボロなのに、松山の農村部はいずれも田植時の忙しい時でも内外の掃除が行き届き清潔で、しかも豊かに見える家が多い」と絶賛しています。

松山での捕虜生活の最中、将校ら8名が松山中学校を参観していますが、その際も、ウエンジヤゴリスキーというポーランド人将校が「日本の教育水準の高さ、武事教育だけでなく文事教育も進歩していること、国語には古文もあり、さらに同盟国の英語も学んでいること、全国に同一の教育課程が浸透し、貴族も平民も比較的廉価な学費で高い水準の教育を受けられる環境が整っていることなどを羨ましく素晴らしいと賞賛していた」ことが『海南新聞』（明治38年6月28日）に記されています。将校8名の多くはロシア人だったはずですが、記者が「ポーランド人将校が興味深い感想を語っている」として記した内容です。

松山で捕虜生活を送ったポーランド人将校、そして「日本人の愛国心は、外国人への憎しみや軽蔑に根ざしたものではない」と綴る作家のプルスもそうですが、日本社会と日本人の神髄をこれほど的確に理解し繊細な表現ができる外国人は、過去から今まで他どこにいるでしょう？

“牢獄の島”でアイヌ研究をしたブロニスワフ・ピウスツキ

アイヌ研究に没頭し、戦後の日本人研究者にとっての原点であり起爆剤となったポーランド人もいました。極東民族の言語・文化研究の世界的な第一人者で民族学者の、ブロニスワフ・ピウスツキ（１８６６〜１９１８）です。

ロシア帝国に併合されていたリトアニアの首都ヴィリニュス北東60キロに所在するズーウフ（現ザラヴァス）で、没落したポーランド貴族の家庭に生まれた彼は、ポーランド社会党の指導者ユゼフ・ピウスツキの兄です。ペテルブルグ大学法学部に進学して間もない1887年3月、弟ユゼフと同様にロシア皇帝アレクサンドル三世暗殺未遂事件への関与の嫌疑で逮捕、サハリン（旧樺太）へ流刑にされ、その数年後から樺太原住民の実地調査を行なっていたようです。

1896年の刑期満了（本来の刑期は15年で、恩赦により3分の2に軽減）に伴い、南サハリン・コルサコフの測候所に勤務し、そこでアイヌ民族に接したことが本格的にアイヌ研究を始めるきっかけになったとされます。コルサコフのかつての地名は「大泊町《おおどまり》」、日本領だった時代は港湾都市として栄えていました。

日露が1875（明治8）年に樺太・千島交換条約を締結するまで日本領だったサハリンには、アイヌ、ウイルタ、ニヴヒといった北方少数民族が先住民として暮らしていました。1902年7月、ピウスツキはウラジオストクからサハリンへ向かいアイヌ他原住民の調査をしている最中に、ペテルブルグの地理学会と科学アカデミーが作家で民族学者のヴァツワフ・シェロシェフスキ（1859～1945）を中心に組織した北海道アイヌ調査があり、それに帯同する形でピウスツキはサハリンから合流し、1903年6月に室蘭《むろらん》より入港して函館《はこだて》、白老《しらおい》、平取《びらとり》、札幌《さっぽろ》などでアイヌ民族の調査を3カ月ほど行なっています。

作家のシェロシェフスキは帰国途中に東京、京都、神戸、大阪へと立ち寄りました。その後は、発行部数の多い文化誌に「極東へ―旅の手記―」を発表したり、時事や歴史、旅行を扱う雑誌に日本の情報や印象を寄稿したりしています。彼の印象は、「恐れを知らない武士の国」「純潔で美しい女性の国」だったようです。

一方、運命のいたずらで20歳そこそこからサハリンで生活することになったピウスツキは、独学から始まりアイヌ語に精通する稀有《けう》な研究者でした。傷や通常の疾病《しっぺい》をできるだけ治療し、さらに、「識字学校」を開校し教育を行なうことまで考えました。西海岸のマウカ（真岡）のアイヌが日本語に堪能だったことに驚いたピウスツキは、ロシア語を教えても上手くいくはずだと確信したのです。

そこで、サハリン軍司令官兼サハリン島軍務知事のリャプノフに開学を陳情し、友人の医師らを教師に据えて、子どもたちにロシア語と算術・算盤を教え始めました。また、アイヌ部族の利害を代表して陳情書を執筆したり、原住民の見解を説明したりするなど、彼らの弁護人や代弁者としても振る舞ったとされます。恋愛もしたようです。アイヌ部族の族長の娘チュフサンマと結婚し、一男一女をもうけました。

1905年4月には、「樺太アイヌ統治規定草案」をリャプノフへ提出しました。同草案の主旨は、樺太アイヌの自治と自立を法的に担保することを通じて、伝統文化を維持し

アイヌ民族博物館に寄贈されたブロニスワフ・ピウスツキの胸像
（提供：ポーランド大使館）

ながら彼らの公民化を図ることでした。原住民の自治、教育、医療、社会・公共福祉をめぐって完璧に推考を凝らした制度だったとの評価があります。

二葉亭四迷《ふたばていしめい》と親しくなる

ところが日露戦争の勃発で、ピウスツキの運命はまた翻弄《ほんろう》されます。日本軍の勝利を目前に、サハリン島のロシア人住民らが自発的および強制的に島外に移され、ポーツマス条約によりサハリン（樺太）の北緯50度以南は、日本統治下に入ることが決まったのです。アイヌ民族は、南樺太に居住していたので、再び〝国籍〟が変わることになります。

まさにその転換期にピウスツキは東京を訪れ、8カ月ほど本土に滞在しています。滞在中に、社会主義者の片山潜《かたやません》や横山源之助《よこやまげんのすけ》、婦人運動家の福田英子《ふくだひでこ》など左翼活動家とも知り合ったとされます。最も親密だったのが、ロシア文学者・翻訳家として知られ、後にポーランド文学の翻訳にも携わった二葉亭四迷《ふたばていしめい》でした。二葉亭はピウスツキに物心両面で援助をし、大隈重信《おおくましげのぶ》や板垣退助《いたがきたいすけ》などにも引き合わせたとされます。両者はいつしか「日本・ポーランド友好協会」の設立構想を抱いていましたが、政治情勢の悪化と1909（明治42）年に二葉亭が死去したことで頓挫《とんざ》してしまいました。

二葉亭はピウスツキの人となりについて、「アイヌ救済を一生の一大責任と心得て、東京まで出て来た。ところが世間があまりに冷淡なので、大いに憤慨していたようだ」「衣服などは粗末で、食物などは何をも選ばぬ、生命さえ継げば、それで充分だ。どうしてもアイヌの如き憐れむべき人種を保護しなければならぬと考えて居る」（横山源之助著『真人長谷川辰之助』）などと語っていたようです。

樺太アイヌの「救済」と「自治」にピウスツキが人生を賭けるようになった原動力は、抑圧され、差別され、敗者と宣告された民族への心情的な連帯感であり、権力に翻弄されてきた亡国のポーランド民族の命運と重なる部分があったからだと考えられます。彼にとっては、ロシアであれ日本であれ、太古からの居住地としてきた民族の権利を破壊し身勝手に弄《もてあそ》ぶ者たちは「心許せない」存在でしかなかったはずです。一方、アイヌ民族が彼を全知全能と考え、絶大な信頼を寄せてくれたことは、故郷から遠く切り離された孤独な人生においての、大きな励みだったのでしょう。

「故郷へ戻ることを常に希求しながら、自身が囚われの身の追放者であること、自らにとって最も大切な人たちのすべてから切り離されていることの苦痛を、なるべく忘れようと努めた」「彼らの言葉で語り合うことに深い喜びを覚える」といったピウスツキの心情も残されています。

〝牢獄の島〟に自らの活路を見つけたピウスツキの稀有な能力、聡明さ、我慢強さ、生き抜く力、優しさ、そして人間愛には、筆舌に尽くしがたいものを感じます。

アイヌの「初めてで最古」の肉声を録音していた

アイヌ研究において、ピウスツキが唯一無二の卓越した第一人者であるのは、『アイヌの言語・フォークロア研究資料』『サハリン島におけるアイヌの熊祭にて』（ロシア語版）他、「アイヌのシャマニズム」など数々の文献や論文を残したことのみならず、民具を収集し、当時では珍しくカメラとエディソン式蠟管《ろうかん》蓄音器を携えてのフィールドワークを実施したことが挙げられます。数々の文献に写真が掲載されていることから、本人自身が「カメラを携えていた」と考えられており、蠟管は200〜300本あったと推測されています。

民族学、シベリア研究、ピウスツキ研究で著名な井上紘一・北海道大学名誉教授の講演記録「ブロニスワフ・ピウスツキの足跡を尋ねて40年―就中、その極東滞在の究明―」（「スラブ・ユーラシア学の構築」研究報告集／2004年12月）には、英文著作の『アイヌの言語・フォークロア研究資料』について、「同書はアイヌ語を正確無比に記録した傑作として、今なお多くのアイヌ研究者が座右の銘にしています。またウイルタ語、ウリチ語、ナーナイ語に関しても優れた研究成果が残されていて」と記されています。

研究者が研究を深める原動力、機動力につながったのは言うまでもありません。最新技術を非常に早い段階で駆使し、樺太アイヌが独自の生活様式・習慣・儀礼・言語・伝統を堅持していた時代の「初めてで最古」の肉声を蠟管蓄音機に残したピウスツキについて、北方文化の研究者たちは、さらに「独特の観察力、洞察力、言説も特筆に価する」と絶賛しています。

研究者たちは戦後、ピウスツキの研究遺産つまり〝宝物〟を、彼の自宅や旧ソ連、フィンランドのヘルシンキ大学図書館などで見つけていきます。ポーランド人学者らは、サハリンからポズナンに至る蠟管の数奇な運命の旅路をたどり、蠟管を収めたケースの蓋の上書きから録音内容を3種に分類し、蠟管蓄音機での再生を試みたものの、どうしても上手くいかなかったようです。

札幌で誕生したピウスツキ業績復元評価委員会

アダム・ミツキェヴィチ大学からの派遣で1976年より京都産業大学に留学していたアルフレッド・F・マイェヴィチが、京都産業大学の村山七郎教授に説得され、ピウスツキの蠟管に関する論文を、北海道大学・北方文化研究施設の紀要へ投稿しました。その論文に興味をそそられた北海道大学・北方文化研究施設の黒田信一郎助教授が、ピウスツキ蠟管の国際的共同研究の構想を漠然と描き始めたとされます。

ピウスツキ研究を推進することを目的として、1979（昭和54）年春頃には、ピウスツキ業績復元評価委員会（CRAP）が札幌で誕生しています。発起人は前出の北大助教授の黒田先生と井上先生でした。その喫緊の課題は、ポズナンのアダム・ミツキェヴィチ大学が所蔵するピウスツキ採録の蠟管を日本へ運んで、先端技術を駆使して収録音声を再生することにありました。

ポーランドからのバトンを、日本が受け取ったのです。

CRAPは多方面の専門家を結集する、学際的かつ国際的研究プロジェクトとして発展していく道をたどり、1981（昭和56）年以降は、ピウスツキ業績復元評価国際委員会（ICRAP）に昇格しました。北海道大学・応用電気研究所の朝倉利光教授を中心とする工学チームによって、ポズナンから送られてきた蠟管65本の再生にも成功しました。その成果はICRAPが1985（昭和60）年9月に北大で開催した「ピウスツキ蠟管とアイヌ文化」と題する国際シンポジウムで報告されています。

ICRAPプロジェクトの反響は、「ペレストロイカ」を掲げたミハエル・ゴルバチョフ時代の旧ソ連のサハリンにも届きました。同地でもブロニスワフ・ピウスツキが学者として、島の卓越した探検者として高く評価されるようになり、南サハリンの一山は、「ピウスッキ山」として地図にも明示されたのです。

1990年、ピウスツキ生誕125周年を記念するサハリン会議では、サハリン州郷土史博物館の前庭における彼の記念碑の除幕式も行なわれました。1937年に築造された同博物館は、樺太庁博物館として日本人が設計した建造物です。

京都産業大学の留学生で前出のマイェヴィチは、アダム・ミツキェヴィチ大学東洋学・バルト学科長を務めていた時代に「ポーランドの日本研究」という論文を英文で記しています。

その一部を、以下にご紹介しましょう。

――学生時代の私は、1ダースを優に超すヨーロッパの諸言語を流暢《りゅうちょう》に操ることでも比較的有名で……修士論文では言語学専攻に転じて、英語をはじめ日本語、中国語、スワヒリ語、エスキモー語のように系統を異にし、また時には相互に極端に異なる75種の言語を取り上げて、動詞句構造を精査した。私が大学を卒業した1973年には、母校のアダム・ミツキェヴィチ大学に言語学研究所が新設され、私は説得を受け入れその末席を汚すことになった……日本学関係文献目録をかなり手広く渉猟した際に、アイヌ研究に関わるポーランド人の名前があまた記録されている事実を発見して驚愕を禁じえなかった――

「ポーランド人は複数言語使用者」と前述しましたが、20歳前後で12種の欧州諸言語を流暢に操っていたという、マイェヴィチ青年の卓越した言語能力にまず驚きます。さらに、アイヌ研究に関わるポーランド人が「あまた」いたということは、たとえ光が当たらないものにでも深い興味を覚えれば追究する、言語を含め文化を理解しようと努める、そして資料を残すといった、ポーランド人気質、民族の特長が分かる事実ではないかと思います。

2013（平成25）年10月には、北海道胆振《いぶり》総合振興局管内白老町《しらおいちょう》のアイヌ民族博物館（2018年3月末に閉館。2020年より「国立アイヌ民族博物館」となり再オープン予定）において、ブロニスワフ・ピウスツキ像除幕式が行なわれました。銅像除幕式への参列のために、ポーランドからはボグダン・ズドロイェフスキ文化・国家遺産大臣が訪日しました。ツィリル・コザチェフスキ大使、中曽根弘文《なかそねひろふみ》「参議院日本・ポーランド友好議員連盟」会長、アイヌ民族博物館代表理事らが参列した除幕式には、ピウスツキの孫でピウスツキ家唯一の男系子孫にあたる木村和保氏の姿もありました。その先の曾孫《そうそん》、玄孫《げんそん》も日本人です。ピウスツキは家族を引き取るつもりで、サハリンに戻ったようですが、それが叶わず愛妻はサハリンで亡くなりました。長男長女は戦後、北海道へ移住したそうです。

1887年のサハリン流刑に始まるブロニスワフ・ピウスツキの流転の生涯は、1918年5月、パリのセーヌ川への投身自殺で幕を閉じました。

第5章

シベリアの孤児たちを救え！

要請から17日後の決断

食堂で食事中の孤児たち（提供：日本赤十字社）

シベリアの大地での餓死、病死、凍死、戦いに巻き込まれて虐殺

第一次世界大戦により、ドイツ、オーストリア＝ハンガリー、ロシアの諸帝国が崩壊するなど、欧州の政治地図が大きく塗り替わっていきます。1918年6月3日、英仏伊首脳会議によってポーランド国家の形成が合意され、翌年6月28日のパリ講和会議におけるベルサイユ条約の調印で正式に承認されました。

〝不屈の民〟ポーランド人の国家が、123年ぶりに蘇ることになったのです。独立運動に身を投じ、1908年からは私設軍隊を組織し、第一次世界大戦中はロシア軍と奮戦し、ドイツ軍により抗命罪で逮捕され投獄されていた愛国者ユゼフ・ピウスツキがその初代元首に就任しました。そして日ポ両国の間で、翌年1919（大正8）年3月、正式な外交関係が結ばれました。

ところが、ポーランド人にとっては〝束の間の春〟でしかありませんでした。共産主義を目指すロシア革命が1917年に起こり、ロマノフ王朝が崩壊し、大国ロシアは労働者・兵士のソビエトとブルジョワ立憲主義者を中心とする臨時政府という二重構造になり、ウクライナはじめ周辺諸国も右へ左へと揺れ、第一次世界大戦後の混乱も収まらない中、国境策定を巡って1920（大正9）年4月、ソビエト＝ポーランド戦争が勃発したのです。

「せめてシベリアに残された孤児だけでも、日本に助けてもらえないでしょうか」

「ポーランド救済委員会（波蘭国避難民児童救護会）」のアンナ・ビエルケヴィチ会長（1877～1936）がウラジオストク駐在ポーランド領事と極東ポーランド赤十字社代表の紹介状を携え訪日し、外務省へ必死に懇願したのはソビエト＝ポーランド戦争が勃発した直後、6月18日のことでした。対応したのは外交官の武者小路公共《むしゃのこうじきんとも》（1882～1962）でした。著名な作家、武者小路実篤《さねあつ》（1885～1976）の実兄です。ビエルケヴィチ会長は武者小路の助言に従って、翌日にフランス語でタイプした嘆願書と状況報告書を外務省に提出しています。

第一次世界大戦が1914年に勃発すると、ロシア領ポーランドがドイツ軍とロシア軍の交戦場となり、ドイツ軍の猛攻で撤退を余儀なくされたロシア軍が市や村落を焼き払い、ポーランド人を強制撤去させました。追い立てられたポーランド人は、母親と子どもが生き別れ、あるいは死に別れ、子どもたちだけで、明日の命も分からないままシベリアの大地を流浪していたのです。

混乱に追い打ちをかけたのが、1917年のロシア革命に続く内戦でした。ウラジーミル・レーニンが社会主義国家（後のソビエト社会主義共和国連邦＝ソ連）の建国へと動き出しました。翌1918年には「赤軍の捕虜となったチェコ軍を救出する」などの名目で、米国、英国、フランス、イタリア、そして日本などの連合軍がシベリアへ出兵。各国の出兵により、シベリアでは内戦と干渉戦が同時に進行する複雑な事態に陥っていたのです。英国などから出兵を催促された日本は、「大義名分がない」と消極的でしたが、共産主義の輸出と革命政府への恐怖があり、米国が派兵を決定すると日本政府も方針を改め、同年8月、シベリアに陸軍を派遣しました。

1919年にはコミンテルン（共産主義インターナショナル）が結成され、シベリア各地で反革命軍が赤軍と交戦、血で血を洗う内戦となっていきました。シベリア在住ポーランド人の戦死者も続出します。

ウラル山脈から太平洋沿岸まで続くシベリアは、針葉地帯が大半を占め、草や苔《こけ》しか育たないツンドラ地帯もあり、内陸の盆地は夏季に30度を超す猛暑となりますが、冬が総じて長く酷寒の日々が続き、氷点下70度以下を記録するほどの酷寒地域もあります。

ポーランドからの避難民たちは、家財産を失ったのみならず、食料も医療もない中で、餓死、病死、自殺、凍死、戦いに巻き込まれての虐殺など、シベリアの大地で次々と命を落としていきました。わずかばかりの食べ物を子どもに与え息絶えた母親、その母親に抱きついたまま凍死している幼児たち、雪を食べて飢えをしのぐ子ども……。そのような地獄絵図が、ワルシャワから極東の沿岸地域ウラジオストクまで、距離にすると約7500

キロメートルという広大な地域の随所で起きていたのでした。

要請からわずか17日で、シベリアのポーランド人孤児を救助することに

帝政ロシア（1721〜1917）の時代、国家の再起と自由と民主を求め立ち上がったポーランド志士（愛国者）や影響力の強いシュラフタ（ポーランドの貴族階級）らが、政治犯や危険分子としてシベリアへ流刑にされ、その子孫も多くが帰れないままでいました。職を求めて流れてきた移住者やその子孫、シベリア鉄道建設のための労働者や技術者も送り込まれていました。鉄道従業員の4割を、ポーランド人が占めていたとの記述もあります。

さらに難民化したポーランド人がシベリアを流浪……。そのため第一次世界大戦以前は5万人前後だったシベリアのポーランド人は、第一次世界大戦後には15万人から20万人にまで膨れ上がっていました。

前出のビエルケヴィチ会長は、土木技師の夫がシベリア鉄道建設工事に携わることになり、1918年春から極東の沿海地域ウラジオストクに居住していたのですが、同胞の悲惨すぎる状況を見るに見かね、翌年1919年10月にポーランド救済委員会を立ち上げました。副会長には青年医師のユゼフ・ヤクブケヴィチ（1892〜1953）が就任しました。当初、ポーランド人難民の救済・支援を目指したのですが、孤児（親との生き別れを含め）があまりに多いことを知り、新生ポーランドの将来を担う子どもたちの救出を活動の中心に据えたのでした。

ポーランド救済委員会は、当初、米国在住のポーランド系移民社会に保護を求め、欧米諸国に働きかけ、ポーランド人孤児の窮状を救ってくれるよう懇願しました。しかしながら欧米の連合軍はシベリアから次々と撤退し、日頃は「正義」「人道」を振りかざす米国すら拒絶、米国赤十字社も軍と共にウラジオストクからの撤退が決まり、その試みは成就《じょうじゅ》しませんでした。しかも苦労して集めた活動資金もロシア通貨、ルーブルの暴落ですぐ底を突き、さらにはソビエト＝ポーランド戦争が勃発したことで、シベリア鉄道に孤児を乗せてポーランドへ帰還させることが困難になりました。

最後の頼みの綱が日本でした。ポーランド人孤児の悲劇に同情した日本政府・外務省は、日本赤十字社に救済事業の引き受けを要請しました。日本軍のシベリア出兵に伴い、1918年8月からウラジオストクを中心に救護活動を展開していた日本赤十字社は、理事会を開き協議を重ね、ポーランド孤児の救護活動に入ることを可決させ、陸軍大臣と海軍大臣の認可を受けました。

日本はシベリア出兵などで財政的に厳しい最中でしたが、ビエルケヴィチ会長による救済要請からわずか17日後、救いの手を差し伸べる決断を下しました。日本赤十字社は浦塩《うらじお》派遣軍司令部に支援を要請し、さらにウラジオストクから敦賀《つるが》港（福井県）までの孤児輸送については、陸軍の輸送船への便乗が決まりました。

大変なのは、シベリアの大地で放浪するポーランド人孤児を探してウラジオストクまで連れてくることでした。その大役を担っていた若き医師でポーランド救済委員会のヤクブケヴィチ副会長は、「日本陸軍の保護の下で、シベリアの奥地からウラジオストクに至るまで、ある時は陸軍の自動車で、ある時は汽車で児童を輸送してくれた」と回想しています。

出兵中だった日本陸軍は、筆舌に尽くしがたいほど自然環境も治安も劣悪なシベリアの大地で、見知らぬポーランド人孤児を探し、救助するため東奔西走したのです。そして1920年7月からの1年間（第1次救済活動）と、1922年7、8月（第2次救済活動）の活動で、計765人のポーランド人孤児を保護し日本に迎えました。

皇后の慈愛の手

「ポーランド国民は日本に対し、最も深き尊敬、最も深き感恩、最も温かき友情、愛情を持っていることを告げたい。我らはいつまでも日本の恩を忘れない」

ポーランド救済委員会のユゼフ・ヤクブケヴィチ副会長が、後日、このように語っています。

ポーランド人孤児救出に関する物語は、『波蘭国児童救済事業』（日本赤十字社）やワルシャワ在住ジャーナリストの松本照男氏による取材と執筆「ポーランドのシベリア孤児たち」（『ポロニカ』恒文社／1994）、ポーランド元大使の『善意の架け橋』（兵藤長雄／文藝春秋／1998）、『ポーランド孤児「桜咲く国」がつないだ765人の命』（山田邦紀／現代書館／2011）他で詳細を知ることができます。また、外務省記録の「変災及救済関係雑件　波蘭孤児救済方ノ件」もあります。ですから過去の様々な文献を参考に、ここではダイジェスト版でご紹介しましょう。

1920（大正9）年7月22日、ウラジオストクで孤児たちの第一陣を乗せた陸軍の輸送船「筑前丸」が敦賀港に入りました。敦賀の町役場や警察、陸軍運輸部敦賀出張所などが協力、連携する体制で孤児たちを迎え、東京や大阪への輸送についても鉄道本省の指示で様々な便宜が図られました。1920〜22年の『敦賀町事務報告書』に孤児の救助費としてポーランド人からの寄付の申し出や孤児受け入れの記載が、『松原尋常高等小学校沿革誌』にも来校の記録が残っています。

日本においてのポーランド人孤児たちの世話は、日本赤十字社の石黒忠悳《ただのり》社長、後に社長となる平山成信氏らが陣頭指揮をとっていました。皇室も節子《さだこ》皇后（大正天皇陛下の崩御後、貞明皇后と追号）の侍従を派遣して支援に当たっていました。日ポの国交樹立から間もない時期で、しかもポーランドがさらなる戦争に突入したこともあり、同国政府の正式な日本代表は赴任していませんでした。

第1次救済活動では、台北丸、明石丸、樺太丸などに乗船して計375人の孤児が五月雨《さみだれ》式に敦賀港へ。その後、東京にある仏教系慈善団体、福田会育児院（現児童養護施設広尾フレンズ・東京都渋谷区広尾4丁目）の孤児舎寮3棟に収容されました。この施設には娯楽室、食堂、病室、運動場、庭園などが完備していて、日赤本社病院に隣接していたので衛生上の措置に利便性があることから選ばれました。

孤児の年齢は12、13歳が多く、最年長者は16歳、最年少者は2歳の女児でした。日本赤十字社は、言語や習慣の異なる子どもたちを世話するためにはポーランド人の付添人がいた方が安心だろうと考え、孤児10人に1人の割合でポーランド人の大人を招く配慮までしています。

日本へ上陸した孤児たちは皆、顔色が悪く見るも哀れなほど痩せこけていました。服や靴はボロボロ、中には裸足の孤児もいました。

孤児たちの第一陣が福田会育児院に到着した翌日から、慰問の人々がキャラメルやビスケットなどのお菓子や玩具を持参して駆けつけ、1人ひとりに優しく声をかけて回っています。孤児たちの服や肌着も、すぐに新調されました。新聞記者の質問にも孤児は健気《けなげ》に返事をしていましたが、親について尋ねられると沈黙し大粒の涙を見せたそうです。悪夢を語るには、あまりに幼すぎて可哀想すぎました。

福田会育児院には、歯科治療や理髪を無料で申し出る人たち、寄付金、寄贈品の申し入れなどが続出しました。孤児たちは大人たちの言いつけを守り、規則正しい生活を送りながら、朝食前と就寝前には毎日必ずお祈りをしていました。普段、昼間は読書をするなど自由に過ごしていましたが、各団体の配慮により、活動写真を観たり、手品を観たり、動物園や博物館を見学したり、遠足や日光への一泊旅行に連れて行ってもらうなどしました。

1921（大正10）年4月6日には節子皇后が日赤病院まで行啓され、慈悲深いお言葉を孤児たちにかけられました。「大事になさい。そして健やかに生い立つのですよ」と4歳の女児、ゲノヴェハ・ボグダノヴィチの頭を何度も撫《な》でながら声をかけられたご様子は、ポーランド本国にも伝わり、「皇后の慈愛の手」と題して描写され流布されました。ゲノヴェハちゃんの父親は赤軍に捕らえられ、母親は遺書を残して自殺をしていたそうです。

殉職した看護師も

孤児たちが何よりも癒されたのは、安心安全な日本という環境で過ごしながら、愛情ある大人たちによる日々の何気ない言動だったようです。元孤児のアントニナ・リロ女史（1910〜2006）が晩年、以下のように回顧しています。

「看護師さんは、病気の私の頭を優しく撫でて、『かわいい、かわいい』とキスをしてくれました。それまで、このように人に優しくされたことがありませんでした」

シベリアで劣悪な環境下にいたため重い皮膚病を患っていた孤児が多く、その1人だった幼いアントニナちゃんも入院することとなり、髪の毛を剃って治療を施され、頭を包帯でぐるぐる巻きにされた時の逸話です。

死の淵を彷徨《さまよ》ってきた孤児たちは、栄養失調により身体が弱っていたため、感冒や百日咳などの病気が蔓延《まんえん》することもありました。第1次救済活動で3回目の船に乗ってきた孤児たちの中から腸チフスが発生し、22名に感染しました。その際、孤児たちの看護に日夜、励んでいた23歳の看護師、松澤フミ氏が殉職されました。関係者はショックを受け、孤児たちは涙が涸《か》れるまで泣いたそうです。事情を理解できない幼子は、優しかった看護師の名前を呼び続け、それが周りの人たちの涙を誘ったといいます。松澤看護師はポーランドから1921年に赤十字賞、1929年に名誉賞を贈られています。

一方、ポーランド救済委員会のビエルケヴィチ会長は、ポーランド人に関する情報を日本社会に広く知ってもらえるよう、日本の新聞に連載記事を発表したり、日本語での印刷物を刊行したりしました。1921年9月から1922（大正11）年5月にかけて、隔週雑誌『極東の叫び』を発行し、記事をポーランド語、英語、日本語の3カ国語で併記し、毎回2000～4000部を東京、横浜、京都、大阪、神戸で販売しました。シベリアのポーランド人孤児の引き揚げの経過や子どもたちの日本滞在の様子、時事問題などを記し、日本への感謝と共にさらなる支援を促そうと努力しました。

日赤病院も、次々と送り込まれる孤児たちの治療に携わるのみならず、民間から広く浄財を募るためポスターを製作して関係者や新聞社に配布し、1年間で集まった寄付金と物品をポーランド救済委員会に引き渡しています。

「日本にいたい」「日本の皆と暮らしたい」

シベリアに残されているはずの孤児がまだ大勢いる中、1922年の第2次救済活動では計390名の孤児たちが敦賀港に入り、大阪市公民病院付属看護婦寄宿舎へ収容されました。当時は2階建ての新築で、現在は大阪市立大学医学部附属病院（阿倍野《あべの》区旭町）がある場所です。

大阪でも、善意の心が孤児たちにたくさん向けられました。慰問品や寄贈金が次々と寄せられ、慰安会も何度か行なわれました。活動写真の上映会や動物園、博物館、大阪城の見学、各種団体による食事会やイベントなどで孤児たちは歓迎され、楽しい時間を過ごしました。

また、両親に連れられ慰問に訪れた少女が、孤児たちの着替えがないことを知り、自分の服を脱ぎ、ブローチや髪飾りなどすべてプレゼントしようとしたり、孤児たちの洗濯を手伝いたいと申し出て、定日定刻に一度も欠かさず寄宿舎へ通い続けた2人の少女もいたそうです。

献身的な看護や温かいもてなしの甲斐があって、孤児たちはみるみる元気を取り戻していきました。

「日本にいたい」

「もう、どこにも行きたくない」

「日本の皆と一緒に暮らしたい」

いよいよ、まだ見ぬ祖国、久しぶりの祖国へ向かう日が訪れました。孤児たちは横浜港や神戸港で、親身に世話をしてくれた看護師や保母たちとの別れを悲しみ、抱きつき、乗船を泣いて嫌がりました。埠頭《ふとう》は、関係者はじめ見送りの人だかりでした。日本赤十字からは、冬の寒さをしのぐため手作りの毛糸のチョッキが贈られ、その他、食べ物など、たくさんのお土産が孤児たちに手渡されました。

孤児たちは、「アリガト」「サヨナラ」と覚えたての日本語を連発しました。両国の国旗がはためく船の甲板からは突如、子どもたちの合唱による「君が代」が聞こえてきました。埠頭でも、甲板でも、涙でぬれる瞳でお互いの姿が見えなくなるまで手を振り続けたのです。

「ポーランド国民の感激、我らは日本の恩を忘れない」と題した礼状の中で、ポーランド救済委員会のヤクブケヴィチ副会長は、以下のような内容を記しています。

「憐れむべき不運なる児童に対する、日本人の振る舞いは、言葉や手紙だけでは表現し尽くせない……母親が我が子を愛するがごとく擁護愛撫し……シベリアにおいて受けた耐えがたき苦痛を一刻も早く忘れるように色々と務めてくれた。我らの児童は同情の空気と優しき愛護の元、おいしい食べ物を与えられ、ほとんど生まれ変わった様な気持ちと身なりになったことは誰もが認める所で……我々ポーランド人は、肝に銘じてその恩を忘れることはない……ポーランド国民もまた高尚な国民であるが故に、我々はいつまでも恩を忘れない国民であることを日本人に告げたい。日本人がポーランドの児童のために尽くしてくれたことは、ポーランドはもとより米国でも広く知れ渡っていることを告げたい……我々

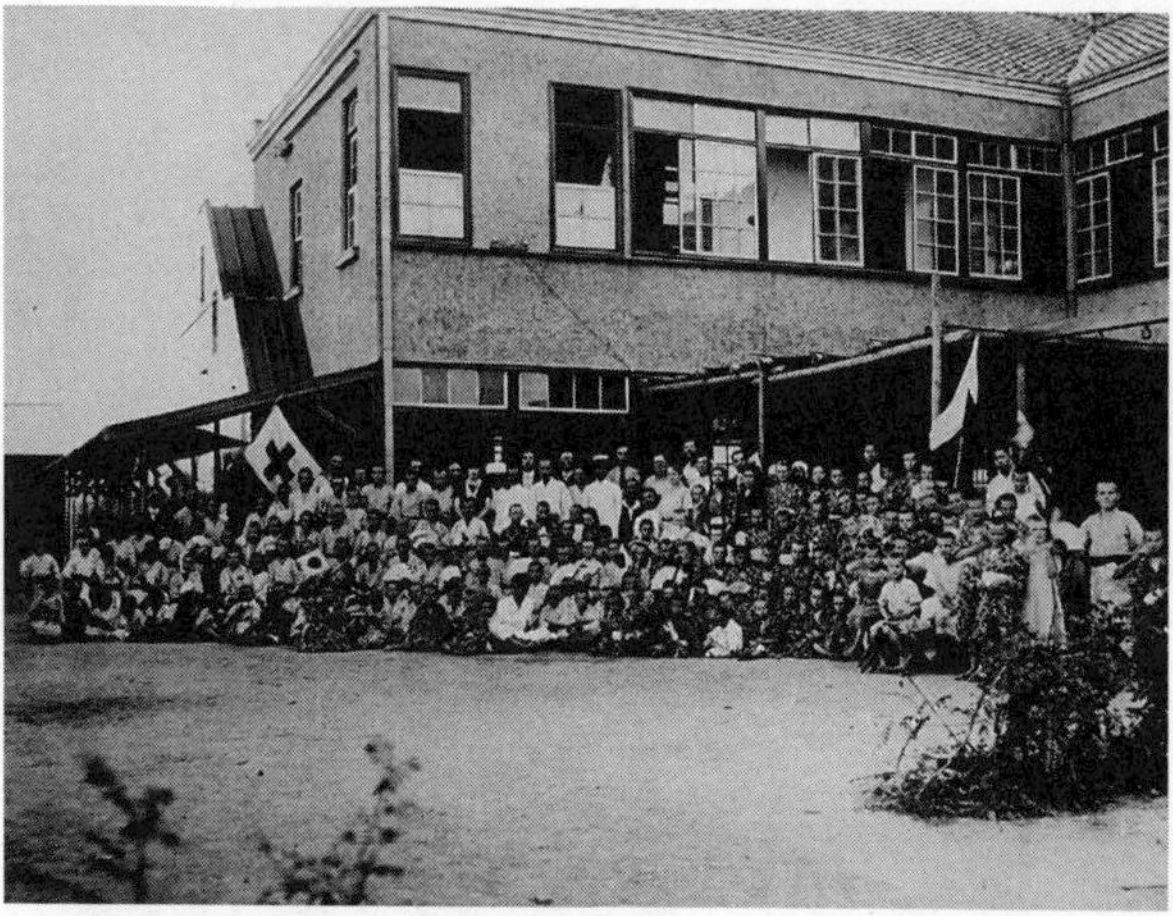

大阪の宿舎の前で、孤児たちの記念写真（提供：日本赤十字社）

のこの最も大いなる喜悦を、心の言葉ではなく行為でもっていずれの日か日本に報いたい」

「日本への感謝の念を忘れるな」が合言葉

横浜港から出航した孤児たちは米国経由で、神戸港から出航した孤児たちは、香港、シンガポール、マルセイユ、ロンドンなどを寄港して、見たことすらない、あるいは久しぶりの祖国ポーランドへと向かいました。

「私たちは日本人の親切を絶対に忘れてはならない。我らも彼らと同じように礼節と誇りを大切にする民族だからだ」

孤児たちが祖国へ無事に到着した頃、ワルシャワの新聞ではこのような内容が報じられました。在米ポーランド国民委員会、ポーランド赤十字社、ポーランド労働大臣などからは日赤へ感謝状が贈られました。

「肌寒い日だった。全員が甲板に出た。港にはためく赤と白のポーランドの国旗をいつまでも見つめていた。幼心に、これが夢にまで見た祖国なんだという感動で体が震えた。埠頭の人も建物も涙でにじんで見えなかった」

シベリアで救出され、大阪で過ごした後、神戸港から帰還した元孤児の1人イェジ・ストシャウコフスキは、晩年こう回想しています。父親をロシア兵に殺され、母親と5人の兄弟とはぐれて流浪していたイェジ少年は当時10歳前後でしたが、愛国心に燃えていたことが分かります。

ポーランドにとって、第一世界大戦後の独立は久々に訪れた〝春〟でした。しかしながら祖国に帰還したシベリア孤児たちは、その多くが身寄りもなく、母国語も満足に話せない、読み書きに支障がある状態だったのです。ポーランド救済委員会のビエルケヴィチ会長らは、バルト海に近いグダニスク郊外のヴェイヘローヴォという地の施設を譲り受け、そこに孤児たちを集めました。寄宿舎での集団生活を営むことにしたのです。イェジ少年もその中の1人でした。

施設ではポーランド語教育が熱心に行なわれるのと同時に、「日本への感謝の念を忘れるな」が合言葉になっていたそうです。日本で覚えた「君が代」や「うさぎとかめ」などの童謡を歌ったり、学園祭の時には着物姿で〝お遊び〟をしたり、日本を身近に意識しながら成長していきました。

ある方から施設に贈られた2隻のボートには、孤児たちが「サダコ」「カトリ」と命名しました。孤児の頭を優しく撫でてくださった皇后陛下のお名前と、彼らを乗せた帰国船名の1隻「香取丸」から取ったのです。孤児の1人はボートに熱中し、グダニスク大学に進学後はヨット部を創設して、ポーランド・ヨット界の先駆者になっています。

日本赤十字名誉総裁を胴上げ

青年となった孤児たちは1929年、ワルシャワにて相互扶助や親睦《しんぼく》を目的とする「極東青年会」を組織しました。会長には当時18歳のイェジが就任しました。ヴェイヘローヴォの孤児院で働きながら大学入学資格を取ったイェジが、国立ワルシャワ大学へ進学する頃の話です。

自国に戻り成長していく過程でも、日本の想い出を忘れることのなかった極東青年会のメンバーたちは、「日本と仲良くなりたい」と日本公使館（後に大使館へ昇格）へ挨拶に赴きました。この時、イェジは嬉しい再会も果たします。イェジら孤児たちが日本へ送り込まれる前、お世話になった在ウラジオストク日本領事の渡辺理恵氏がポーランド駐在代理公使に就いていたのです。

極東青年会のメンバーは、その後、日本の要人がポーランドを訪れることを聞けば、駅まで出向いて歓迎をしたり、各地で日本の素晴らしさを広める演説会を開き、日本公使館からフィルムを借りて映画上映会を開いたり、「日本の夕《ゆうべ》」というイベントを開催したりしました。極東情勢の研究、とりわけ日本精神と日本の情勢に関心を抱いていたメンバーたちは、雑誌『極東のエコー』を刊行し、誌面でも日本紹介に努めています。

日本公使館は資金援助をし、大使以下全館員がイベントに出席して応援することもありました。日本赤十字社の三島通陽《みちはる》名誉総裁が、1938（昭和13）年にポーランドを訪問した際には、大使公邸に大勢の元孤児が集まり、感激のあまり、彼らは何度も日赤名誉総裁を胴上げしたそうです。その時代、極東青年会の支部は8都市に拡大し、会員数は640名を超えていました。元シベリア孤児のみならず、極東情勢に興味を抱いている真面目な愛国者たちが会に参加していたのです。

国内外の情勢は、ユゼフ・ピウスツキ初代元首が1932年7月にソ連と不可侵条約を締結し、1934年1月にドイツとも不可侵条約を締結しました。しかしながら、再出発の最中にあるポーランドの平穏な日々はそう長くは続きませんでした。1939年9月にナチス・ドイツ軍がポーランドの首都ワルシャワに侵攻、第二次世界大戦の火蓋《ひぶた》が切られたのです。

援軍として来るはずのソ連軍は、一向に姿を現わしません。それもそのはず、前月の8月、独ソ不可侵条約の秘密議定書において、ポーランドを両国で分割する密約を結んでいたのです。

ソ連の企みは、ポーランド亡命政府系の自由主義者はじめ邪魔な勢力を排除することであり、そのためにナチス・ドイツ軍を煽《あお》ったとされます。
ポーランドは再び国家を分断され、世界地図からその名前が消されてしまいました。

第6章

第二次世界大戦中の信頼関係

杉原《すぎはら》千畝《ちうね》はなぜビザを発給し続けたのか

アウシュヴィッツ＝ビルケナウ強制収容所の建物とガス缶

杉原《すぎはら》千畝《ちうね》の「命のビザ」

第二次世界大戦の勃発前からナチス・ドイツによる迫害が激しさを増し、その後、大量虐殺という絶体絶命の状態へと追い込まれたのが、ドイツをはじめとする欧州各地やロシアに暮らしてきたユダヤ人（大枠ではアシュケナジー系などと呼ばれる）です。長い歳月、西欧諸国で迫害されてきたユダヤ人は、14、15世紀以降、その多くが東欧諸国、中でも異教徒のユダヤ人に対しても寛容な政策を採っていたポーランドに移住していました。

商業が未発展だった農業国ポーランドにおいて、王侯やシュラフタ（ポーランドの貴族階級）は国の建設や発展に役立つユダヤ人を歓迎したのです。そして徐々に、ポーランド人との混血やポーランド化したユダヤ人も増えていきました。

その彼らに「命のビザ」を発給し、窮地を救ったのがリトアニアのカウナスに領事代理として日本公館を開設し、1939年8月末から赴任していた杉原千畝（1900~1986）でした。正確には、「リトアニア共和国 在カウナス大日本帝国領事館領事代理」となります。

「命のビザ」の物語は、日本社会に先駆けてイスラエル、ポーランド、リトアニア、米国のユダヤ人社会で謝意を込めて賞賛されてきました。カウナスの領事館の建物も、杉原千畝の記念博物館として当時の様子が窺える執務室をはじめ一般に公開されています。

「命のビザ」杉原千畝の胸像
（岐阜県八百津町・人道の丘公園　提供：共同通信社）

杉原逝去後ですが、幸子夫人による『六千人の命のビザ――ひとりの日本人外交官がユダヤ人を救った』（朝日ソノラマ／1990）他1冊が刊行され、その他、「命のビザ」の物語が複数の書籍やテレビ番組で幾度となく紹介されたことから、今日では国内でも広くその名前と業績が知られるところとなっています。

出身地の岐阜県加茂《かも》郡八百津《やおつ》町においては、1992（平成4）年に「人道の丘公園」が完成し、生誕100年にあたる2000（平成12）年には公園内に杉原千畝記念館がオープン。2015（平成27）年3月、ユダヤ人迫害の様子やビザ発給後の難民の足跡などの展示が新たに加わり、記念館がリニューアル・オープンしました。

同年12月には、唐沢寿明《からさわとしあき》主演による映画『杉原千畝　スギハラチウネ』（配給：東宝）も公開されました。原題は、『ペルソナ・ノン・グラータ（好ましくない人物）』。監督は、和歌山県生まれで日系米国人の母親を持つ米国籍のチェリン・グラック氏が務め、ロケ地となったポーランドでも、杉原千畝が再びクローズアップされました。

ということで、ここでは杉原領事代理のカウナスでの役割とポーランド情報員との関係に重点を置いた上で、『日本・ポーランド関係史』他の専門書や回想録（伝記）を参考に、筆者の視点も込めてご紹介したいと思います。

日本人がいないのになぜ領事館ができたのか

まず、日本人が1人もいないカウナスを拠点に、杉原が領事代理となりました。このことについて、戦後に本人がロシア語で記した未公刊の報告書（アンジェイ・T・ロメル所蔵）などからも、専門家らは杉原の主たる使命を紐解いていますが、端的には「日本陸軍参謀本部はドイツ軍がソ連に侵攻するかどうかの確証をつかみたがっており、国境付近のドイツ軍の集結状況を参謀本部と外務省に伝えることだった」ようです。

外務省の官費留学生としてハルビンに渡り、ロシア語を習得していくキャリアに始まり、語学の才能に恵まれていた杉原は適任だったのでしょう。つまり、第二次世界大戦の火蓋が切られた1939年当時の領事館開設は、日本が情報収集するための合法的な出先機関でした。

そして、杉原がロシア語とドイツ語に堪能な陸軍参謀本部のアルフォンス・ヤクビャニェツ大尉（コードネームはイェジ・ジョルジュ・クンツェヴィチ）他、ポーランド亡命政権の情報機関（インテリジェンス）の複数の人物と接触し、協力関係にあったことは確かな事実とされています。ちなみに情報機関の人間は、コードネームと呼ばれる偽名を持って使い分けていました。

日露戦争を契機に接触が始まったポーランドと日本は、シベリアの孤児救出以降、協力関係をより強固なものにしていました。当時、日本陸軍の課題はソ連暗号の解読でした。インテリジェンス全般に長《た》けていたポーランド軍は、日本陸軍に暗号解読技術を高める指導も行なっていたのです。しかも日本への恩義や尊敬の念を強く抱いていたポーランドと日本は、友情に裏打ちされた信頼関係にありました。

レシェク・ダシュキェヴィチ陸軍中尉（コードネームはヤン・スタニスワフ・ペシュ）の報告書には、杉原領事代理との関わりについて、「私は、ソ連領内からの情報を日本領事に提供する他に、日本の通過ビザ発給の決定に関する回答を領事から受け取ることになっていた。当時、ポーランド難民がソ連と日本を経由して、米国および南米沖の島の一つにトランジットで行くことができるようにするという計画が練られていた……領事は難民問題の解決には好意的で、このことで多くの働きをした……日本経由で南米沖の小国の一つにポーランド難民を出国させようと公式案を出した最初の1人でもあった」などと記しています。

つまりビザの発給は、ポーランド軍からの依頼で始まったようです。将校を米国に脱出させ、軍の再建を図りたかったのです。しかも杉原の実務を迅速にすべく、ダシュキェヴィチ陸軍中尉が、「旅券に入れる決まり文句を手書きではなくゴム印にして、残りの部分と署名のみを書き入れる」方法を提案し、「ゴム印を2個作った」ことも記録されています。

日本の通過ビザを求める避難民

１９４０年7月9日より、杉原は日本領事館でビザの交付を始めていましたが、7月27日朝、情況が一変していました。領事館の周辺が黒山の人だかりだったのです。日本の通過ビザを求める避難民、主にユダヤ人１００人ほどが押し寄せていたためです。本国政府（外務省）へ翌日28日、杉原は電報を送った際、その末尾に、「日本通過ビザの発給を求めて、連日１００名ほどのユダヤ人が領事館に詰めかけている」と記しました。

避難民はまずカウナスのオランダ領事ヤン・ズヴァルテンディクの元へ行き、そこで南米の海上に浮かぶ島キュラソーへ渡るビザを得て、その後、日本の通過ビザを発給してもらうため杉原の元に殺到したのです。

杉原は避難民へのビザ発給の件で本国政府に電報で許可を求めましたが、松岡洋右《まつおかようすけ》外相（１８８０～１９４６）からは「否」とする電報が返信されてきました。このやり取りを2度ほど繰り返しますが、届くのは「否」の返事のみ。日本はドイツとの間に１９３６年に日独防共協定を結んでおり、さらに日独伊三国同盟の締結に向けた交渉を続けている最中でした。

杉原が領事代理だった頃のリトアニアで、ユダヤ難民たちのリーダーとしてユダヤ人救出に尽力し、戦後はイスラエルの宗教大臣の立場で1969年にエルサレムで杉原と再会し勲章を授けたワルシャワ生まれ、ワルシャワ大学卒のユダヤ人弁護士ゾラフ・バルハフティク（1906〜2002）は、著書『日本に来たユダヤ難民—ヒトラーの魔手を逃れて約束の地への長い旅』（原書房／1992）の中で次のように述べています。一部の用語に解釈も加えて記します。

「革命やポグロム（ユダヤ人に対する組織的な略奪や虐殺）が発生するたびに、ユダヤ人が満洲へ流出し、そこから国際都市上海へ向かった……上海へは入国ビザの必要がないので、ユダヤ人が続々と流れてきた。上海は1939年の中頃までユダヤ人を無制限に受け入れた。しかしその後は、居留が厳しく制限されるようになった……スファラディ系（中東出身で上海港を根拠地に発展した英・米・仏国籍のユダヤ人）とアシュケナジー系（ドイツ語圏や東欧に定住していたユダヤ人）で構成される『上海ユダヤ人委員会』は、米国を本拠地とするジョイント（人道支援団体。正式名称は米国ユダヤ人合同配分委員会）の資金援助を受けながら、日本租界の虹口《ホンキュー》地区を中心とするホステルへ難民を収容した」

上海の共同租界では、海軍きってのユダヤ研究家の犬塚惟重《いぬづかこれしげ》大佐（1890〜1965）が、日本海軍が警備する虹口地区（通称「日本租界」）の日本人学校校舎をユダヤ難民の宿舎に充てるなど、ユダヤ人保護に奔走していました。また、満洲は、ロシア革命とそれに続く内戦と干渉戦によって、ハルビンが反革命派の白系ロシア人とユダヤ人の新天地となっており、さらにナチス・ドイツの狂気から逃れるため、欧州とロシアのユダヤ人がシベリアを経由して、同地へ洪水のごとく流れ込んでいました。1931年9月18日に満洲事変（柳条湖事件）が、翌年に満洲国建国へと動く中、日本軍の一部には満洲にユダヤ人国家を作るという「河豚《フグ》計画」もありました。

しかしながら1937（昭和12）年に日中戦争が勃発、1939年8月に独ソ不可侵条約が結ばれ、平沼《ひらぬま》騏一郎《きいちろう》首相が「欧州の天地は複雑怪奇なる情勢を生じた」と発表して内閣を総辞職、第二次世界大戦の火蓋が切られ、各地の情勢が混沌としていました。

また、日独防共協定の締結後もナチス・ドイツと蔣介石《しょうかいせき》政権との中独合作は維持され、国民党軍への最新鋭の武器援助とドイツ軍事顧問団による指導が行なわれていました。そういった中で、杉原領事代理は、「日本経由で南米沖の小国の一つに難民を出国させる」案が最善と判断したのかもしれません。

昼食もとらず、万年筆が折れ、腕が動かなくても

日本を通過するビザとはいえ、避難民のビザ発給には「壁」がありました。外務大臣か

ら各地の在外公館に宛てて発せられた訓令（昭和13年10月7日）によると、日本通過ビザの発給が認められる欧州からの避難者の資格として、「避難先の国の入国許可を得ていること」や「避難先の国までの旅費を持っていること」などが定められていました。

というのも、すでに脱出に成功した避難民の中には「避難先の国で入国許可が取得できる」と偽り日本の通過ビザを得て来日し、実際には行き先がなく日本に留まろうとしている者や、日本までの乗船券しか所持しておらず、第三国へ渡る費用のない者が少なからずいたためでした。

杉原の元へ殺到していた避難民の多くは、まさにビザ発給の要件に満たない人々でした。

「幸子（夫人の名前）、私は外務省に背《そむ》いて、領事の権限でビザを出すことにする。いいだろう？」

「あとで、私たちはどうなるか分かりませんけれど、そうしてください」

このようなやりとりを夫婦間で行なったことが、幸子夫人の書籍に記されています。

8月10日、杉原は本国の外務省との交渉を打ち切ります。その翌日からは、朝から晩まで昼食もとらず、万年筆が折れ、腕が動かなくても、ひたすらビザの発給を続けました。

タイムリミットが迫っていたのです。リトアニアが同月3日、正式にソ連に併合されたことで各国の在外公館は相次いで閉鎖、ソ連当局からの圧力が増し、退去命令が出され、本国の外務省からも「一刻も早く退去するよう」との指示が出ていたためです。領事館を8月末に閉鎖し、9月1日、ベルリンへ向かう列車に乗り込んでからも、杉原は発車までの時間、ビザ発給の業務を行ない汽車の窓から手渡しました。

前出のポーランド情報員のアルフォンス・ヤクビャニェツ大尉とレシェク・ダシュキェヴィチ中尉に対しても、杉原はコードネームで日本領事館の書記官として日本の公用旅券を発給してドイツへ送り出し、その後も関係を保っていきます。

ベルリンを経て1940（昭和15）年9月より在プラハ日本総領事代理に赴任した杉原から、翌年2月に本国の外務大臣に宛てた電報が残っています。

「リトアニア人と旧ポーランド人に発給したビザの数は2132枚、このうちユダヤ系については約1500枚と推定される」

ビザは1家族につき1枚で良かったことから、杉原千畝による「命のビザ」で救われたユダヤ人の数は6000人に上ると結論付けられています。

杉原は、プラハ時代にも「命のビザ」を発給しています。その時のビザで助けられたユダヤ人の中には、近年、日本でも講演を行なった米国在住の国際政治学者でサンディエゴ大学名誉教授のジョン・ストシンガー博士がいます。1枚のビザで両親と本人、尊い3つの命が助かりました。

ユダヤ難民に対して寛容だった日本

元ドイツ連邦軍空軍将校でボン大学にて日本現代政治史を研究し、論文「ナチズムの時代における日本帝国のユダヤ政策」で哲学博士号を取得したハインツ・エーバーハルト・マウルの著書『日本はなぜユダヤ人を迫害しなかったのかーナチス時代のハルビン・神戸・上海』（芙蓉書房出版／2004）に、以下のような内容が記されています。

「戦争中の日本では、反ユダヤ・キャンペーンが強化されたとはいっても、政府のユダヤ政策そのものは基本的に変わらなかった。松岡外相は1940年12月31日に個人的に招いたユダヤ富豪のレフ・ジュグマンに、日本のユダヤ政策を説明している。『ヒトラーとの同盟は自分が結んだものだが、彼の反ユダヤ政策を日本で実行する約束はしていない』というのである。それは松岡個人の意見ではなく、日本政府の態度である。かつ、それを世界に対して語らない理由はない。松岡は満鉄総裁時代に当時の『ユダヤ問題顧問』のアブラハム小辻（小辻節三博士）に、自分は防共協定を支持するが反ユダヤ主義には賛成しないと言っている」

ちなみに、松岡外相はリトアニアの杉原領事代理に「否」の返事を送った人物です。ビザ発給の要件に満たない避難民が日本に大量に滞留する可能性を危惧《きぐ》し、立場上からも「否」と返事したのかもしれません。また、「八紘一宇《はっこういちう》（国全体が一つの家族のように仲良くすること）」の精神で、ユダヤ人であれ差別しないという主旨の「現下ニ於ケル対猶太民族施策要領」を1938（昭和13）年1月21日付で制定していた関東軍との関係を、何らかの理由で意識していたのでしょうか。

海外の政策に眼を向けてみると、ユダヤ人が目指していた米国、中南米、パレスチナなどはその時代、入国査証の発給を非情なまでに制限し、ほとんどシャットアウト状態でした。英統治領パレスチナでは、海岸に着いたユダヤ難民船に陸上から英軍が機関銃の一斉射撃を加えるという非人道的行為までありました。入国を制限した理由の1つに、共産主義のソ連のパスポートに切り替わったユダヤ人の入国を忌み嫌ったようです。

さらに他国の領事館、一例ではハンブルクに構える中南米その他の国々の領事や総領事の中には、ビザ発給の際に避難民に手数料以外に高額な代金を要求し、しかも発給したビザの中に〝空ビザ〟も多く、つまり入国が認められず通過国でその扱いに困る例も多々あったとされます。日本の場合は（入国に「NO」を突きつけ、船が彷徨《さまよ》った例はゼロではないですが）、人道的にも片目を閉じて一時入国させていたのです。

日本政府、日本社会のユダヤ難民に対する寛容な政策、態度にナチス・ドイツは少なからず不快感を示していました。1941年末、ドイツ大使館は日本政府に対して「外国に居住するすべてのユダヤ人は無国籍とされ、今後いかなる保護も与えられない」と通告し、在日ユダヤ人を解職するよう要求しましたが、日本はそれを無視しています。

マウル元将校は、「ナチス・ドイツが日本のユダヤ系音楽家を排除し、代わりにドイツ人音楽家を指揮者や音楽学校の教授として就職させる陰謀を繰り返したが、日本側はそういった圧力を事実上、無視した」「当時2600人を数えた在日ドイツ人の中には116人のユダヤ人がいた。日本人はユダヤ系の学者、芸術家、教育者に高い敬意を払った」などと記しています。

キエフ生まれのウクライナ系ユダヤ人で、1931（昭和6）年から東京音楽学校で教鞭《きようべん》を執り、終戦後に米国へ渡ったピアニストのレオ・シロタ（1885〜1965）は、「日本人は世界事情に詳しく、ユダヤ人問題にも大きな関心を寄せているため、日本在住のユダヤ人に対して寛容で、差別することも自由を奪ったりすることも全くなかった」「日本では、ユダヤ人は自分がユダヤ人であることをとりたてて意識しないでも生きていくことができた」などと証言しています。

日本の陸海軍人、政治家、外交官、学者、財界など、様々な立場による様々な駆け引き、思惑があったにせよ、ポーランドをはじめ国内外のキーパーソンと連動しながら、同盟国のナチス・ドイツとは真逆の政策――ユダヤ人保護に動いていたのは紛《まぎ》れもない事実であり、我々日本人として誇りにすべきことではないでしょうか。

その中でも、杉原の勇気ある決断――「命のビザ」の発給は、リトアニア唯一の日本人であり領事代理という立場で推定6000人の命を救出するという結果につながりました。

タデウシュ・ロメル駐日ポーランド大使も、奮闘していました。主に米国から資金援助を得て、全ユダヤ人委員会とも協力しながら、日ポ両国が敵対関係となり大使館が閉鎖されるまで、「命のビザ」で日本へ渡ってきた大勢のユダヤ人(95%)と少数派のポーランド人(5%)のために、神戸で領事業務に追われていたのです。

当時、アンネ・フランクの家族のように欧州から脱出せず、アムステルダムの隠れ家に匿《かくま》ってもらっていても、外へ一歩も出ることができないまま不安と恐怖の日々を過ごし、ある日突然、強制連行され収容所に送られ銃殺や虐殺、ガス室で命を落とす、病死、餓死へと追い込まれる可能性は高かったのです。ナチス・ドイツの毒牙はノルウェーとデンマークへと伸び、1940年5月にオランダ・ベルギーへ侵攻、さらにフランスへと迫っていきました。

小野寺《おのでら》信《まこと》大佐とリビコフスキー

　日本とポーランドは、第二次世界大戦を通じても、同盟国のドイツよりも親密な関係にあり続けました。その象徴かつ中心人物となったのが、1941（昭和16）年よりスウェーデン駐在武官としてストックホルムに着任した小野寺信（1897～1987）大佐とミハール・リビコフスキーでした。

　夫人の小野寺百合子氏が綴った『バルト海のほとりにて―武官の妻の大東亜戦争』（共同通信社／2015再改訂版）、次女が綴った『戦争回避の英知―和平に尽力した陸軍武官の娘がプラハで思うこと』（大鷹節子／朝日新聞出版／2009）、そして『消えたヤルタ密約緊急電―情報士官・小野寺信の孤独な戦い』（岡部伸／新潮選書／2012）など素晴らしい書籍があります。

　リビコフスキーは、ストックホルムの陸軍武官室の事務所で「白系ロシア人のペーター・イワノフ」と称して働いていました。彼はロンドンの亡命ポーランド政府きっての大物の情報士官で、ナチス親衛隊（SS）全国指導者のハインリヒ・ヒムラーが「世界で最も危険な密偵」と忌み嫌い、ゲシュタポから命を狙われていました。そのリビコフスキーを、ドイツを敵に回すリスクを冒してまで守り通したのが小野寺でした。通訳官として雇い、ペーター・イワノフを漢字にあてた「岩延平太」名義の日本国パスポートまで与えて

「世界で最も危険な密偵」リビコフスキーをドイツから守り通した小野寺信
（提供：毎日新聞社）

庇護《ひご》したのです。その後、ナチス・ドイツの圧力に屈したスウェーデン政府から国外退去を命ぜられたリビコフスキーは、「日本のために、ロンドンの亡命政府から情報を送り続ける」と約束をしています。

小野寺自身もドイツ語、ロシア語、スウェーデン語に堪能で、情報収集能力に長けていました。中立国スウェーデンを拠点に欧州の戦局を正確に掴み、「ドイツ側の情報のみに頼るのは危険である」と何度も本国日本に警告し、同盟国ドイツが英国ではなくソ連へ侵攻する意図を持っていること、そのドイツの対ソ連戦の戦局が不利な状況にあるとの具体的な情報を得て、日本の英米への「開戦不可」を30回以上も打電しました。

しかし、本国の中枢——参謀本部の一握りの〝奥の院〟はその小野寺情報をほぼ握り潰し、日米開戦に踏み切ってしまったのです。

「敬愛する日本が、我々ポーランドのような悲劇に陥らないでほしい」

大東亜戦争（太平洋戦争）末期の1945（昭和20）年2月半ばのある晩、小野寺の自邸郵便ポストに知らせが届きます。「ヤルタ密約」の情報でした。情報提供者は、参謀本部情報部長のスタニスロー・ガノでした。独ソに侵攻されポーランドが再び世界地図から消えた6年前、「情報部の対ドイツ、対ソ連インテリジェンス組織を日本に接収してもらえないか」と上田昌雄ワルシャワ駐在陸軍武官に持ちかけたガノが、リビコフスキーに代わり小野寺へ情報を送ったのでした。

ソ連クリミア半島ヤルタで米国のF・ルーズベルト大統領、英国のW・チャーチル首相、ソ連のI・スターリン書記長の連合国3巨頭会談が行なわれ、対日密約が結ばれたのです。ルーズベルト大統領は、千島列島をソ連に引き渡すことを条件に、ナチス・ドイツの降伏から3カ月後に日ソ中立条約を一方的に破棄してソ連への参戦を促した、との内容でした。日本が敗戦に追い込まれるどころか、亡国の危機にあることを察知した亡命ポーランド政府が、「敬愛する日本が、我々ポーランドのような悲劇に陥らないでほしい」との願いから是が非でも救おうとしたのです。

小野寺は直ちに「戦争を終結すべし」との打電を繰り返し、スウェーデン国王を介しての和平工作も単独で試みました。しかし「ヤルタ密約」情報も、本国は無視をしたのです……。

敗戦から5カ月後、日本に引き揚げる小野寺にガノは手紙を渡しています。

「貴方は真のポーランド人の友人です。長い間の協力と信頼に感謝し、もしも帰国して新生日本の体制が貴方と合わなければ、どうか家族と共に全員で、ポーランド亡命政府に身を寄せてください。我々は経済的保障のみならず身体保護を喜んで行ないます」

一方、小野寺に命を救われたリビコフスキーは、米国籍を取得しカナダのモントリオールへ移住後も、小野寺への謝意を生涯忘れませんでした。1987（昭和62）年に小野寺が死去するまで、2人は2度再会し100通近い手紙のやり取りをしています。

小野寺の死から4年後、リビコフスキーもこの世を去りました。以下は、妻ソフィーが小野寺家に送った手紙の内容です。

「ミハール（リビコフスキー）は最愛なる大親友マコトのところへ逝きました。きっと2人はもっと良い世界で、戦略について引き続き議論しているでしょう。ただし戦争についてではなく、人類愛について」

第7章

無間地獄に陥ったワルシャワと映画『戦場のピアニスト』のモデル

シュピルマン氏の生涯

ハリナ夫人と筆者（ワルシャワの自宅にて）

孤児たちにとって日本大使館員は強いお守りだった

シベリアで放浪した元孤児のイェジ青年ら「極東青年会」の中核メンバーは、第二次世界大戦が勃発すると、国内地下武力のレジスタンス司令部と連絡を取り、「特別蜂起部隊イェジキ」を結成し、レジスタンス運動への参加を決め、怒濤《どとう》の荒波へと勇猛果敢に飛び込んで行きました。1939年暮れのことです。

イェジキとは「イェジの子どもたち」という意味です。当時、幾つもの地下組織に所属するポーランド人が多かったのですが、イェジキはポーランド全土で1万5000人規模だったと考えられています。イェジら仲間たちは、それ以前から「自分たちがシベリアで体験したようなことを、許してはならない」と孤児院を開設し、シベリア孤児に限らず孤児の面倒を見ていました。戦災孤児らも、次々とイェジキの一員になっていきました。そのため、イェジ司令官の周辺には10代から20代前半の若者たちが常に200名程度はいたとされます。これは地下組織の勢力としてはかなりの大部隊でした。

ある時は、ナチス・ドイツのゲシュタポ（秘密国家警察）がイェジたちの孤児院へ踏み込み、強制捜査を始めました。急報を受けて駆け付けた日本大使館の書記官が「この孤児たちは、我々が面倒を見ている」「君たち、日本の歌を聴かせてやってくれないか」と彼らを守ったそうです。日独伊三国同盟により、在ワルシャワの日本大使館員は強いお守りであり栖になったのです。しかし、その〝お守り〟も1941年10月に閉鎖となりました。両国は敵対関係になってしまったためです。

イェジキ部隊は、広大な原生林が生い茂るカンピナスの森に連合軍が投下した武器・弾薬庫や援助物質を、ナチス・ドイツの包囲網を突破して取りに行くという危険極まりない任務を行ないました。そのため、イェジキ部隊からも少なからぬ犠牲者、死者が出ました。イェジ自身もナチに逮捕され死刑を宣告されましたが、脱走して一命を取りとめています。

パヴィアク監獄で「生きてきた証」の日本人形を制作

この頃、ワルシャワ市内のパヴィアク監獄には、凄まじい拷問と過酷な生活環境の中で、死の恐怖を紛らわそうと日本人形を秘密裡に制作する女性がいました。反独レジスタンス組織に所属し、投獄された若き美容師カミラ・ジュコフスカでした。劇場で「蝶々夫人（マダム・バタフライ）」を観て以来、夢中になっていたオペラ歌手の喜波貞子《きわていこ》をモデルに、自身が生きてきた証として日本人形を作っていたのです。

18歳まで日本で育ち、単身ミラノへ渡って本格的に声楽を学び、その2年後にオペラ歌手として「蝶々夫人」でデビューした、日本人の血を4分の1ひく、オランダ国籍の喜波貞子のワルシャワでの初公演は1925年のこと。国立劇場で貞子演ずる「蝶々夫人」は聴衆を魅了し、自害の場面ではあちらこちらで涙、涙、涙……そして拍手の渦《うず》となりました。

欧州各地で人気を博していた彼女ですが、熱心なファンの1人だったポーランド人歌手と交際（後に結婚）していたこともあり、ポーランド公演の機会は多く、しかも劇場は毎回超満員。日本公邸で要人たちのために振り袖姿で歌ったり、ポーランドでの人気は絶大でした。

反独レジスタンス組織で活動しながら、日本に魅了されていたカミラは髪の毛が黒いことから、「私は日本人よ」などと語っていたそうです。材料は、身分を偽って看守をしていたレジスタンス活動家が服の襟《えり》に縫い付け運び入れ、白地の着物に薄黄色の帯、金色の草履《ぞうり》で日本髪に結われ完成した日本人形も、味方の看守が決死の覚悟で運び出したそうです。カミラは家族宛ての手紙に、「……あなたへの人形が出来上がりました。日本人が立っています。ピアノの上に飾って下さい。『テイコ・キワ』と名付けて下さい」と綴りました。

1942年5月22日、37歳のカミラはカンピナスの森に連行され銃殺……。形見となった日本人形は、長い間、姪が保管していましたが、「テイコ」をポーランドらしく「タイ

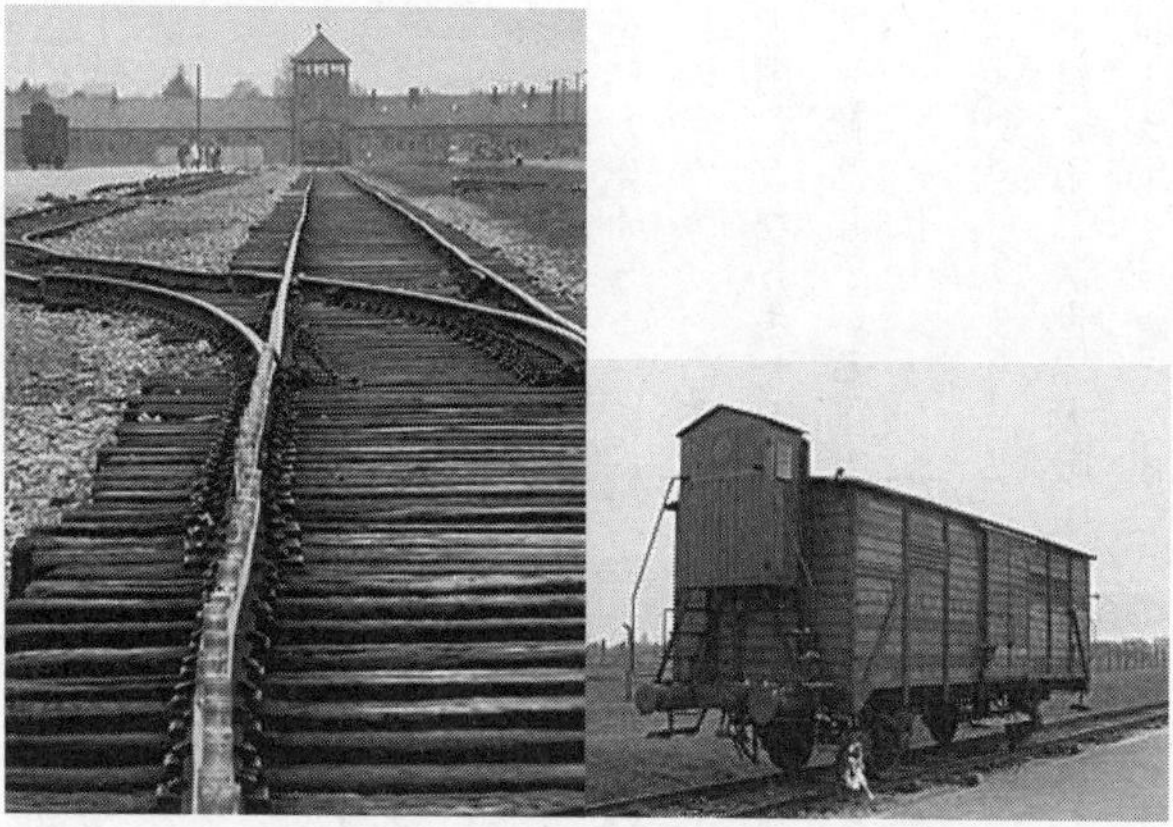

アウシュヴィッツ＝ビルケナウ強制収容所の線路と、人々を運んだ貨車

カ」として、現在パヴィアク刑務所博物館に展示されています。詳細は『ワルシャワの日本人形―戦争を記憶し、伝える』（田村和子／岩波ジュニア新書／2009）などで読めます。

5人に1人が亡くなる、史上類を見ない無間《むげん》地獄

ナチス・ドイツ軍は、レジスタンス闘士のみならず医者や学者や大学生など知的階級を問答無用で逮捕し、ワルシャワの北東約10キロメートルのカンピナスの森へ連行して、連日連夜、銃殺を繰り返していました。一方、ソ連の内務人民委員部（NKVD）は、ポーランドを無力化するため将校や警官、国境警備員、聖職者らをカティンの森で大量に銃殺、これは「カティンの森事件」「カティンの森虐殺」などと呼ばれ、一説には2万人を超える大虐殺となりました。NKVD（後のKGB）は刑事警察、秘密警察、国境警察、諜報機関を統括している国家機関でした。

ヨシフ・スターリン（1878〜1953）率いる狡猾《こうかつ》で残虐なソ連と、アドルフ・ヒトラー（1889〜1945）のもとで凶暴を極めるナチス・ドイツに挟み撃ちされたポーランドは、第二次世界大戦中に史上類を見ない無間《むげん》地獄に落ちていったのです。

ホロコースト（ユダヤ人虐殺）のみならず、ポーランド人のレジスタンス闘士や知識

人、若い女性や子どもまでが虐殺のターゲットでした。教師の15%、カトリック司祭の18%、医師の45%、有資格技術者の50%、弁護士の57%が処刑されたとのデータもあります。1943年のワルシャワ・ゲットー蜂起、そしてイェジキ部隊もその中核を担った1944年のワルシャワ蜂起（1944年8月1日〜10月）では、ワルシャワ旧市街の85%がドイツ軍に破壊され、火炎放射器で焼き尽くされ、瓦礫と化しました。

ポーランドの人口は3000万人ほどでしたがその内の約600万人、実に5人に1人が亡くなるという世界最高比率の犠牲者を出しました。重軽傷者を含むと2000万人以上が戦争被害を受けたとされ、死者にはアウシュヴィッツ＝ビルケナウ強制収容所などで無残な最期を遂げた約270万人のユダヤ系ポーランド人も含まれます。

「亡国のまま終止符を打たない」

極限状態をあえて言葉にすれば、こう覚悟を決めた上での死闘でした。

夢の中で助けてくれた姉

史上類を観ない無間地獄となったワルシャワで、まさに奇跡的に、しかも侵略者ナチス・ドイツの将校に助けられ、生きながらえたユダヤ系ポーランド人もいます。『シンドラーのリスト』（スティーブン・スピルバーグ監督作品）と共に、ホロコースト（ユダヤ人に対する集団的な略奪・虐殺・破壊行為）をテーマに世界的な話題を呼んだ大ヒット映画『戦場のピアニスト』の主人公のモデルとなった、著名なピアニスト、ヴワディスワフ・シュピルマン氏がその一人です。未亡人ハリナさんに、２０１８年5月下旬、インタビューをする貴重な機会を得ました。

「夫シュピルマンは、第二次世界大戦の戦禍の中、数カ月間、ワルシャワの野外のトイレに1人で隠れて生きながらえていました。ある日、こんな夢を見たそうです。お姉さんがピアノを弾いていた。ショパンの曲でした。『逃げなさい』という合図だと本能的に感じ、目が覚め、咄嗟にその場から逃げた。すると、その直後に、そのトイレが爆破されたそうです。間一髪でした」

モダンで知的な雰囲気が漂う未亡人のハリナさんは、90歳の今もお元気で、家族との思い出がすべて詰まったワルシャワ郊外の閑静な住宅街の一軒家に1人で暮らしています。

シュピルマン氏は、１９１１年ワルシャワに生まれました。父親はバイオリンを、母親もピアノを弾くなど音楽一家でした。ベルリン音楽大学で学んでいた彼は、ヒトラーが政権を掌握した2年後にポーランドへ戻る決意をします。

ナチス・ドイツ軍がワルシャワを占領し、ユダヤ人はゲットー（強制居住地）への移住を余儀なくされました。シュピルマン氏はレストランなどでのピアノ演奏の仕事を見つ

ワルシャワ蜂起博物館内の従軍カメラマンの写真の数々

け、家族（両親・兄・妹2人）を支えていきます。

ホロコーストが激しさを増す中、ある日、強制労働の名目で家族が広場に連行されました。シュピルマン氏は、ゲットー内のユダヤ人警察から、事前に「逃げるよう」告げられ連行を逃れたそうです。

ワルシャワ蜂起、そしてナチス・ドイツ軍によって街が破壊し尽くされましたが、友人の助けでゲットーを脱出し、外の隠れ家に身を潜めていた彼は、ナチス・ドイツ兵の援助により奇跡的に生き延びました。しかし、愛する家族とは、永遠の生き別れとなってしまったのです。

この彼の壮絶な人生の回顧録『ある都市の死』（1946年刊）を原作に、以前から面識があった同じユダヤ系ポーランド人で、「母親を失い、逃亡の日々を送った」ロマン・ポランスキーが監督・脚本を務め2002年に公開し、大ヒットした映画が『戦場のピアニスト』です。同作品は第55回カンヌ国際映画祭で、最高賞のパルムドールを受賞。米アカデミー賞では7部門にノミネートされ、監督賞、脚色賞、主演男優賞の3部門で受賞しました。

シュピルマン氏は2000年に88歳で他界、映画の完成を見届けることは叶いませんでした。日本では2003年、同作品が劇場公開されています。

「息子は映画を、ポーランド駐日本大使と共に日本で観たそうです。『感動した』と語っていました。私は当時、病院と研究と自身の医者としての仕事が忙しく、日本には行っていません。ただ、日本から関係者がワルシャワに来てくださり、主人のお墓にお線香を上げてくれました。それが本当に嬉しかった」

夫人が語る「息子」とは、『シュピルマンの時計』(小学館/2003)を上梓している、日本で長く暮らす長男のクリストファー・シュピルマン氏(ポーランド語の名前は「クシシトフ」)のことです。イェール大学で研究生活を送っていた時代に知り合った日本人留学生と結婚し、福岡を拠点に、東大、九州大学などで教鞭を執り、九州産業大学国際文化学部教授として10年務め、現在は東京に暮らしています。

「1992年から日本にいる長男クリスには、とても素晴らしい日本の友人たちがいます。1995年に大病を患った際に、『ポーランドに戻ってきて治療しなさい』と言ったのですが、日本の友人たちが治療のための資金をサポートしてくれ、TV局の方や歴史家の方などがクリスを支えてくれました。日本の方々の、息子への支援に心から感動しました。親友が日本にたくさんいることが分かり、本当に嬉しい。皆、その後、ポーランドに来てくれましたよ。クリスは英ロンドン大学に進学しましたが、柔道との出会いから日本への興味を抱き、日本関連の書籍もたくさん読破したようです。柔道は五段です。英国では、日本人に英語教師もしていたわ」

さらに、夫人はこう語る。

「主人は1960年代に日本でコンサートをしています。初公開の曲も演奏する予定でしたが、『日本のメディアは、事前にその曲を聴いて準備していたようだ。テレビ局とカメラの数の多さ、日本での自分への注目の高さに驚いた』と帰国後に語っていました」

ピアノの〝エアー〟練習

ワルシャワで、孤独な隠れ家生活を送っていた時代のシュピルマン氏の話を、ハリナ夫人がこう回想する。

「彼は、ピアノをまったく弾くことができない、触れることがない時期が2年ほどありました。でも日々、脳裏にクラシック音楽を浮かべ、曲をイメージして指を動かし練習していたそうです。暗くて寒い中、クラシックを弾いている気分に浸り気を紛らわせていたのです。おかげで、終戦後にラジオ局に呼ばれ、演奏することになった時にも、レパートリーとする作品がすべて暗譜できていて、何らブランクを感じることなくスラスラと指が動いたそうです」

いつ銃弾に倒れるか、いつ捉えられて〝死への道＝絶滅収容所〟送りになるか分からない恐怖と絶望の中でも、ピアニストとしての執念そして「生」への執着を、強靭《きょうじん》かつ前向きな心で持ち続けてきたことには、ただひたすら畏敬の念を抱きます。

1946年、スウェーデンの首都ストックホルムでピアノコンサートとレコーディングを行った際にも、「見事に弾けた」そうです。夫人は、「その際にレコーディングしたピアノ曲を映画が公開された2002年に初めて聴いたわ」と微笑んでいました。

シュピルマン氏と夫人は、1948年7月、ワルシャワから200キロ以上離れた避暑地クリニツェのロッジで出会ったそうです。夫人は当時、医学部の学生で友人たちと宿泊していました。その翌年8月に偶然、同じロッジで再会します。

「クニリツェで、シュピルマンの方から声をかけてきました。1年前、彼と彼の友人が、私たちにやたらちょっかいをかけていたので覚えていました」

シュピルマン氏は、再会から3日後、「結婚したい」とプロポーズ。夫人は医学部2年生で20歳。彼は19歳年上でした。

「冗談だと思ったけれど、本気なのだと分かりました。私はまだ大学生だから、ワルシャワに来てもらうことを条件に結婚を決めました。彼の拠点はクラクフでしたから」

求婚されたその日に撮った、2人の幸せそうな写真は、今もピアノの上に飾られています。家族が絶滅収容所に連れていかれたことを、友人から聞いていたシュピルマン氏。すべてを失った彼にとって、若くて聡明で美しいハリナさんとの出会いは、不条理すぎる〝何か〟を浄化してくれる天使に見えたのかもしれません。

1950年に結婚。ほどなくして、長男を授かります。日本に長く暮らす、前述のクリストファー氏です。

「医学部の学生として、学業はどうしても放棄したくなかった。育児との両立で新婚時代が一番、大変な時期でした。しかもアパートは1部屋だけ、そこにピアノがあったから、簡易ベッドで寝起きしていました。ベビーベッドもなかったわ」

今日まで暮らす2階建ての家に転居した1956年に、次男のアンジェイ氏を出産。ピアニストとして国内外で活躍を続けるシュピルマン氏は、毎日3時間ほど、ピアノの練習をしていたそうです。

〝命の恩人〟となったドイツ人将校

「主人の過去をいつ知ったかですか？　それは、彼と結婚する4年前、母親からクリスマスのプレゼントで貰ったのが、主人の回顧録『ある都市の死』でした。母がある日、私に『あなたの夫は、以前プレゼントしたあの本の方なのよ』と言ったのです。でも、彼は本当に冗談が大好きで、私の前ではとても明るく、暗い影を微塵《みじん》にも感じさせませんでした。私は本を通じて、初めて彼の壮絶な過去の体験を知り、ドイツ人の将校から助けられたことも知りました。そして、ある日、主人に言いました。『過去のすべてを読みました。だからもう話す必要はありません』と」

夫人のその言葉に、シュピルマン氏は沈黙していたそうです。

欧州の20世紀は、戦争に次ぐ戦争でした。人々の心はすさみ極限状態に追い込まれ、残虐非道が常態化した〝戦場〟にあっても、なお「人の心」を失わず、リスクを冒してまでシュピルマン氏を救ったのが、侵略者ナチス・ドイツの将校だったのです。

その事実が政治的に好ましくないとされ、回顧録ではやむを得ず「オーストリア人」に設定したのですが、それでも1946年の刊行直後に政府から絶版処分を受けてしまいます。

「〝命の恩人〟であるドイツ人将校の名前を、主人は1951年に探し出しました。ヴィルム・ホーゼンフェルト大尉です。彼は高校教師で反ナチス、人格者で、教会でオルガン奏者もしていました。身の危険を顧みず、多くのポーランド人とユダヤ人を救っていたのです。主人は、ポーランド政府に彼の救済を申し立てました。回顧録の表現を引用すれば『恐怖と闘い、嫌悪を克服しつつ、謙虚な請願者として、ポーランドでまっとうな人間なら口にもしたくない犯罪者』にお願いに行ったのです。でも、徒労に終わりました。拒否されたのです。ホーゼンフェルト大尉は、スターリングラードの捕虜収容所で1952年に亡くなりました」

「口にもしたくない犯罪者」とは、ポーランド共産党のヤクブ・ベルマンのことです。スターリンの忠実な追従者で、秘密警察とイデオロギー担当のトップとして多くの政治犯の粛清に深く関わったとされる政治家でした。

映画『戦場のピアニスト』の日本語字幕で、ホーゼンフェルト大尉の口調として「お前」が使われましたが、シュピルマン氏の回顧録には「お前（Du）」ではなく「貴方（Sie）」と記されています。そのため、長男クリストファー氏は、「日本語字幕に、それが反映されていないことは残念」と指摘しています。

シュピルマン夫妻は、ホーゼンフェルト大尉の遺族とずっと交流を続けてきました。長男と次男は近年、次々と他界していますが、ホーゼンフェルト大尉の生前の日誌も提供されており、夫妻は遺族らと〝隠れ家〟にも訪れています。

「隠れ家だったアパートメントが、改築されることを知り、その前にと、1984年に訪ねました。家の呼び鈴を押すと、家主が出てきました。主人は、『この家の左側にキッチンがあって、右側に棚がありますか？』と。家の間取りを言い当てる彼に、家主はまず驚きました。そして『私は戦前、この家に隠れていました』と言いました。家に入れてもらい、ドイツ兵の見回りが来ても見つからないよう、隠れるために使っていた板が残っていて、それも写真に収めました。

食料を届けてくれていたホーゼンフェルト氏は、『自分がいつも見回りに来るとは限らないから、気を付けなさい。その位置では見えるから、もっと奥に』といったアドバイスまでしてくれたと語っていました。それから『もう少しで戦争も終わるから頑張れ』と励ましてくれたことも。ナチス・ドイツは残虐でしたが、ドイツ人がみな全て残虐な行為をしてきたわけではないと、主人も私も考えています」

ハリナ夫人の父親は、ポーランドの独立回復時の初代国家元首、ユゼフ・ピウスツキ（詳細は第3章）と共に軍事学校を創設した1人だそうです。ポーランド中東部ラドムで市長を2期務めていましたが、第二次世界大戦中にドイツ軍に捕まり、政治犯として死刑宣告を受け、その後、無期懲役となります。刑務所生活を11年間送った後、解放されたのです。

「父はアウシュヴィッツ＝ビルケナウ強制収容所より以前からあった、ザクセンハウゼン収容所に入れられていました。ヒトラーに敵対する愛国志士らが送り込まれた収容所です。父が生き残ったのも、シュピルマン同様、奇跡的でした」

夫人も、ドイツの大学が主催するイベントなどに招待され体験談を語る機会が度々あるそうです。ハンブルクから南東に約50キロメートル、リューネブルク大学で2年に一度開催されるイベントでは、2017年は約9000人の学生の前で話をされたそうです。

シュピルマン氏は、親族との奇跡的な再会も果たしています。1956年、単身でアルゼンチンのブエノスアイレスへ飛びました。母方の姉、すなわち叔母が、結婚して同地に移住して生き延びていることが分かったためです。しかし、それだけが唯一の消息だとすれば、砂漠の中から1本の針を探し出すようなもの。それでも、シュピルマン氏は現地へ赴き、電話帳を丹念にめくったそうです。

「マルコの名前に、主人の目が釘付けとなります。もしかしてこれがそうかもしれない、と直感したのです。なぜなら、祖父の名前がマルコスだったから。もう一つ、主人が覚えていた一族の姓があり、その姓が何よりの手がかりでした」

電話をしてみると叔母の息子、すなわちシュピルマン氏のいとこの家でした。まさに執念による奇跡で、異国で生きながらえている親戚を探し出したのです。

毎日、時計のネジを巻きながら

シュピルマン氏は、ある時期、夫人に対して饒舌に過去を語り、その後、また口をつぐんでしまったそうです。

長男が上梓した前出の『シュピルマンの時計』によると、戦時中に時計をとられたシュピルマン氏は、戦後、真っ先に時計を買います。さらには、時計をたくさん収集し、大切に手入れし、その1つ1つにネジを巻き、まるで兵隊の隊列のように並べていたとの描写があります。

戦時中、日にちや時間の感覚を失うことを何より恐れていたというシュピルマン氏。大切な時計は晩年、息子たちに譲られ著作のカバーにも使われましたが、シュピルマン氏は毎日、時計のネジを巻きながら、自分が今、生きている幸せをかみしめ、と同時に昇華できない葛藤、苦悩と向き合っていたのでしょうか……。

回顧録『ある都市の死』の初版発表と発禁処分から約50年を経過した1999年に、英語、ドイツ語、フランス語で復刊され、後にポーランド語でも再販され、日本語版『ザ・ピアニスト』(春秋社/佐藤泰一訳)も2000年に刊行されました。次男のアンジェイ・シュピルマン氏はその「前書き」で、こう述べています。

「父は、数年前まで戦時中の体験を決して語ろうとはしませんでした」「この本を読まれたことを父は知っていたと思いますが、それについてお互いに話し合ったことはありません」

素晴らしい家族や孫を何より誇りに思いながらも、同時に「自分1人だけが生き残るべきではなく、両親と共に死ぬべきだったのかもしれない」との苦渋も吐露していたシュピルマン氏は、最晩年の追悼として、家族とその話をしなかった理由について「恥ずかしいからだ」と記しています。

とはいえ、この言葉で思い浮かぶほど単純な意味ではないはずです。シュピルマン氏にとってまず、「鬼畜の侵略者、ナチス・ドイツ兵」と「被害者ユダヤ人」という二項対立ではありません。底知れぬ非人間性が席捲《せっけん》する時代に巡り合った〝超人間的な姿〟と共に、同胞から激しい反発を招きかねない事実――ゲットーで経験した醜悪な姿も、理性的に書き残しています。

『ザ・ピアニスト』には、廃墟となり冷たい雪の舞うワルシャワ市中を、食料を求めて彷徨《さま》よ《よ》うシュピルマン氏が、ホーゼンフェルト将校と偶然、出遭った時の人目を忍ぶ極限の対話も記されています。

「食料を持ってくる」と語る将校に、シュピルマン氏は「貴方はドイツ人ですか?」と聞いてしまうのですが、将校は顔を紅潮させ、そして彼の質問を侮辱の証しと受け止めたかのように「そうだ、その通りだ! 恥ずかしいことだ。こんなことばかりが起きてはな」と叫ばん限りに答えたといいます。

シュピルマン氏の贈り物

ハリナ夫人は、こう回想しています。

「主人は私にとにかく優しかった。コンサートや収録など、遠征先から頻繁に電話もしてくれました。『何か欲しいものはある？』とか。時に喧嘩はしたけれど、円満で理想に近い夫婦関係でした。ただ、子どもたちには気難しい父親でした。二面性があったと言うか。態度が突然、変わって驚いたこともあります。息子2人は、回顧録を通じて父親の過去を知りました。でも、このことを兄弟だけで話し合ったことはないそうです」

戦後、ピアニストとしての活動を再開させ、クラシック・コンサートと作曲活動に精力的だったシュピルマン氏は、子ども向けの曲（約1000曲）や大衆音楽を大量に生み出し、今日に至るまで、彼の楽曲はポーランド国内外で親しまれています。曲に詩が加わり、アレンジされて新たに息を吹き返した楽曲もあります。家での練習は主にクラシックでしたが、息子2人から「いつ、どこで作曲していた？」と不思議がられるほど、瞬時に思い浮かんだメロディを五線譜に落とし込んでいたようです。

戦前には映画音楽も2曲手がけました。生き別れた兄弟が、歌詞を書いた合作です。ベルリン音楽アカデミーや米ロサンゼルスなどでもレコーディングをしていたことから、復活版CD製作なども常に進んでいます。

シュピルマン氏の音楽は、ポーランド人の心を浄化させてきましたが、孤独な自身を再び「愛」へ導いてくれたハリナ夫人への「永遠の贈り物」だったのかもしれません。

こう、私が問いかけると夫人は、「知人がサックスフォンで主人の曲を弾いてくれた時に、贈り物だと感じたわ。19歳年上の主人は、自分が先に亡くなり愛する妻が若くして未亡人になることをおもんぱかっていたのではないかしら。亡き後も、彼の音楽が映画などで使われ、それらを聴く度に、彼の作曲は今の私に贈るためだったのではないかと考えてしまうわ」と微笑みました。

第8章

元シベリア孤児と元ユダヤ人難民の戦後

「日本は天国のようなところでした」

当時の思い出を語るアントニナ・リロ女史。2005年９月撮影（時事）

SEMPO SUGIHARAを探し続けたユダヤ人たち

杉原千畝はベルリン訪問後、1940（昭和15）年にチェコスロヴァキアのプラハ総領事館の勤務を経て、1941年には東プロイセンのケーニヒスベルク総領事館に派遣され、1942年にルーマニアのブカレスト公使館の一等通訳官に就任して終戦を迎えました。その後、家族と共にソ連軍に身柄を拘束され、ゲンチャ捕虜収容所など幾つかの収容所を経た後、1947（昭和22）年4月に帰国しました。

それから2カ月後の6月、杉原は外務省を依願退職の扱いで去りました。その理由として、「訓令に違反した（命のビザを発給した）ことを問題視された」「ポーランドの亡命政権と同国陸軍の情報部と繋がっていた日本陸軍に杉原が近く、インテリジェンスに秀でたプロだったことが省内の反感を買ったから」「上級職ではなかったことで、整理の対象になった」など憶測を含めた記述が散見しています。

政府の公式見解によると、米軍の占領下となった日本において、1946（昭和21）年から外務省のみならず行政組織全体に対して行なわれていた「行政整理臨時職員令（昭和21年勅令第40号）」に基づく、機構縮小のためのリストラの一環でした。外務省も3分の1を減らす大幅な人員整理を進行中でした。終戦前の1944（昭和19）年、杉原は勲五等瑞宝章を受章していますが、外務省は「業績や能力より、血縁関係や学閥を優先」させる

ワルシャワのユダヤ人墓地。戦時中に破壊された墓石まで残されている

人事だったようです。

ロシア語の翻訳を手始めに職を転々とした杉原は、1960（昭和35）年秋に日ソ貿易の最大手、川上貿易株式会社（現パーカー川上株式会社）へ入社し、同年にモスクワ事務所が開設され、その初代所長に就任しました。

その8年後のことでした。「命のビザ」で救われた1人で、在日本イスラエル大使館参事官のジェホシュア・ニシュリが杉原と再会をします。杉原の消息を探し続けていたユダヤ人やユダヤ人協会が、ようやく居場所を探し当てたのでした。杉原は自身の名前を外国人には「センポ」と呼ばせていたため、なかなか見つからなかったようです。「外務省は旧外務省関係者名簿に杉原姓は3名しかいなかったにもかかわらず、『日本外務省にはSEMPO SUGIHARAという外交官は過去においても現在においても存在しない』と回答していた」と揶揄《やゆ》する声もあります。

元ユダヤ人難民のニシュリとの28年ぶりの再会はニュースとなり、「ユダヤ人の命の恩人、杉原見つかる」と世界中に伝えられました。翌年の1969年、エルサレムに招き杉原に勲章を授けたイスラエルのゾラフ・バルハフティク宗教大臣（1906〜2002）は、「日本政府の許可なしで、ビザを発給していた事実を知ったのはこの時だった。政府の命令に背いてビザを出し続けていたことは、再会するまで（29年間）考えてもいなかったので大変に驚いた」と記しています。

1985年には、イスラエル政府から日本人初の「諸国民の中の正義の人賞（ヤド・ヴァシェム賞）」を贈られ、翌年、顕賞碑がエルサレムの丘に建立《こんりゅう》されました。米国ユダヤ人諸団体からも表彰されるなど数々の賞を受賞し、杉原は晩年、その功績を称えられていきます。本人亡き後の1990年には米国に杉原記念財団が設立され、翌1991年には日本支部も開設されました。

杉原はいつしか「日本のシンドラー」と呼ばれるようになっていました。ユダヤ人所有のホウロウ鉄器メーカーを買い取り、同工場で働くユダヤ人約1200人をナチス党員ではあったのですが救ったことで知られる、ドイツ人実業家オスカー・シンドラー（1908〜1974）になぞらえてのことです。ユダヤ系米国人スティーブン・スピルバーグ監督が、1993年に製作した映画『シンドラーのリスト（Schindler's List）』（原作はトーマス・キニーリーの『シンドラーズ・リスト―1200人のユダヤ人を救ったドイツ人』）により、シンドラーの名前、そのストーリーが世界に広まっています。

ポーランド亡命政府の情報員レシェク・ダシュキェヴィチ陸軍中尉（コードネームはヤン・スタニスワフ・ペシュ）（詳細は第6章）は、後の報告書で「日本領事によるビザ発給の日が来ると、ユダヤ人はこぞって申請に詰めかけたがポーランド人の希望者は少なかった。

申請者は10数名に過ぎず、私は彼らを優先すべくあらゆる手を尽くした」と記しています。この内容が事実だとすれば、杉原千畝の命のビザは、結果論として「ユダヤ人救済」という史実を残したことになりそうです。

最晩年の手記『決断』他に、杉原はこう遺しています。

「兎に角、果たして浅慮、無責任、我武者らの職業軍人集団の、対ナチ協調に迎合することによって、全世界に隠然たる勢力を有するユダヤ民族から、永遠の恨みを買ってまで、旅行書類の不備とか公安上の支障云々を口実に、ビザを拒否しても構わないとでもいうのか？　それが果たして国益に叶うことだというのか？　苦慮の揚げ句、私はついに人道主義、博愛精神第一という結論を得ました。そして妻の同意を得て、職に忠実にこれを実行したのです」

〝デリバティブの父〟も「命のビザ」受益者

シベリアのポーランド人孤児、そして欧州各国を侵攻しながらホロコースト（ユダヤ人虐殺）に邁進するナチス・ドイツの脅威から、杉原千畝の「命のビザ」を得て脱出に成功したユダヤ人や少数のポーランド人が上陸した日本で唯一の港が、古くから大陸への玄関口として栄えた福井県の敦賀《つるが》港です。

1999（平成11）年には、イスラエルの高校生2人が敦賀港に上陸したユダヤ人難民の足跡をたどるため同地を訪ねたことが記録されています。2003（平成15）年6月には、駐日イスラエル大使館のギル・ハスケル参事官が、「同胞が上陸した場所を見たかった」と港を訪ね、2006（平成18）年11月、駐日イスラエル大使館のシュムリック・バース参事官が敦賀市長を表敬訪問しています。そして2008（平成20）年3月、ユダヤ人難民と敦賀市民との交流や「命のビザ」で命を未来へつないだ世界中の人々からのメッセージ、通過ビザのコピーなどが展示される、敦賀ムゼウム（福井県敦賀市金ケ崎町）が開館。これを契機に、杉原千畝の故郷である岐阜県八百津町との相互交流協定も締結しています。ちなみに通過ビザを〝家宝〟にしてきた元ユダヤ人難民もいます。

2014（平成26）年7月には、「命のビザ」受益者の超大物も敦賀を訪れています。イリノイ州シカゴ・マーカンタイル取引所（CME）において、世界に先駆け為替先物取引市場を開設した人物で、国際金融界では〝デリバティブの父〟と呼ばれているレオ・メラメドCMEグループ名誉理事長（1932〜）です。ベティ夫人と米国立ホロコースト記念博物館のサラ・J・ブルームフィールド館長と共に敦賀ムゼウムに来館し、「73年ぶりの再上陸を記念」してオリーブの木を植樹しました。

ポーランド東部、ビャウィストクにて数学教師の家に生まれたメラメド名誉理事長は、

7歳の時に「命のビザ」を得て、シベリア鉄道でソ連を横断し、ウラジオストクから敦賀港へ入港し、神戸を経て、米国へ移住したサバイバーです。その経緯は『エスケープ・トゥ・ザ・フューチャーズ』という伝記にまとめられています。成功者だけにビジネスでは厳格な人物とされますが、日本企業が支援を求めたり日系メディアが取材を申し込んだりすると、快く面談し、可能な限りの便宜を図り、日本と杉原千畝への感謝を必ず口にすることでも有名です。

日本滞在記などもあるメラメド名誉理事長は、東日本大震災後に犯罪が急増しなかった日本について、米国で称賛の声が上がった際にも、「米国人にはかなりの驚きだっただろう。でも私に驚きは微塵《みじん》もない。日本人は世界で最も礼儀正しい人々だから」と語っています。

2017（平成29）年には、日本の先物市場発展への貢献や対日理解促進に寄与した功績が認められ、旭日重光章を受章しました。

敦賀市民の〝おもてなし〟

『命のビザ、遥かなる旅路―杉原千畝を陰で支えた日本人たち』（北出明／交通新聞社新書／2012）にも記されていますが、敦賀市民も見知らぬ外国人に〝おもてなし〟をして

〝デリバティブの父〟レオ・メラメド氏（中央）は記念植樹後、敦賀ムゼウムの展示を見て回り、メッセージを残した（提供：人道の港敦賀ムゼウム）

いたことが分かります。敦賀はウラジオストクとの定期航路が開かれて以来、異国情調が漂う町になっていました。加えて昭和元年頃より、「一視同仁《いっしどうじん》（すべての人を分け隔てなく慈しむこと）」と「八紘一宇（国全体が一つの家族のように仲良くすること）」を強調した教育が盛んでした。小学校でも当時、ユダヤ難民について、「自分の国が無いため世界各国に分散して住み、金持ちや学者や優秀な技術者が多い。今は戦争で住むところを追われて放浪して落ちぶれた恰好をしているが、それだけを見て彼らを見くびってはならない」と教わったとの回想も残っています。

港に船が着く度に、着の身着のままのユダヤ人難民らが、時計や指輪を買い取ってもらいたくて、駅前にある時計・貴金属を扱う店へ押し寄せました。中身が空の財布を広げ、食べる仕草をしながら、店主とは筆談で交渉をしていたそうです。店主の娘は、「売って得たお金で、駅前のうどん屋で食事をしていた」「父は店にある食べ物を『気の毒や』と言ってよくあげていた。私も持っていたふかし芋をあげたことがあります」などと回想しています。銭湯の「朝日湯」が1日休業して、難民のために無償で使ってもらったところ、「その身体があまりにも汚れていたので、後の掃除が大変だった」という逸話も残っています。

駐日ポーランド大使館、神戸ユダヤ人協会とユダヤ難民の世話を積極的に行なっていたホーリネス教会（キリスト教団体）の日本人牧師らが協力して、敦賀に到着したユダヤ人難民の出迎えや、神戸や横浜への移動、滞在先の工面もしていました。

ポーランド出身のユダヤ人難民の1人で、1941（昭和16）年2月24日に敦賀に上陸したボストン在住のサミュエル・マンスキー氏（2011年没）は、「敦賀は私たちにとってはまさに天国でした。街は清潔で人々は礼儀正しく親切でした。バナナやリンゴを食べることができましたが、特にバナナは生まれて初めての経験でした」と回想しています。

敦賀とウラジオストクを船で往来していた敦賀港近くで青果店を営む父親が、気の毒なユダヤ人難民のことを見聞きしていた中、その息子が父親の指示で店のリンゴやみかん、乾燥バナナなどを配ったようです。

移住した米国でシオニスト協会の会員となり、同協会の全国副理事長を務めるなどシオニズム運動に深く関わり、関連する様々な役職に就いたマンスキー氏が中心となって、自身が役員を務めていたマサチューセッツ州チェストナット・ヒルのエメス寺院に、ホロコーストの記念碑に続いて杉原千畝の記念碑の建設に取りかかり、2000年に完成させています。

日本庭園内に建てられた記念碑には「杉原千畝　在リトアニア日本国領事　激動の1939－1941年の間に在勤　杉原氏により給付された2000余りのビザは、6000

のユダヤ人の命を救い、後に3世代、3万6000の命の源となる」という碑文が刻まれています。聖書から選ばれた「獅子のような心を持つ力ある者」（サムエル記Ⅱ・17章10節）との一節も刻まれています。碑文はすべて英語、ヘブライ語、日本語で表記され、杉原千畝の顔も刻み込まれています。

2000（平成12）年12月11日、大阪国際会議場で「杉原千畝生誕100年記念式典」（委員長：明石康元国連事務次長）が開催されましたが、その際にマンスキー氏は追悼スピーチを行なうメインゲストの1人でした。海外からゲストを招いて杉原千畝を顕彰する記念式典を盛大に行なうのは、この時が初めてでした。

長崎で自ら被爆、日本の戦災孤児を助けたゼノ神父

戦前、戦時、そして終戦後の日本に滞在し続け、戦災孤児を助けたポーランド人についても、ここで紹介しておきましょう。聖マキシミリアノ・コルベ神父（詳細は後述）らと共に、1930年4月にコンヴェンツァル・聖フランシスコ修道会から長崎へ派遣されたゼノ・ゼブロフスキー修道士（1891〜1982）です。

通称「ゼノ神父」で知られ、コルベ神父の離日後も日本で布教活動を続けていました。そのため、長崎市への原爆投下で自らが被爆。しかしながら、被爆者や戦争ですべてを失

った人々や戦争孤児を救済する活動を始めたのです。

「カワイソウナコイナイデスカ（可哀想な子いないですか）」と呼びかけながら全国を東奔西走し、1950（昭和25）年頃からは廃品回収業の集落「アリの町（隅田川の言問橋《ことといばし》周辺。現在の東京都台東区の隅田公園界隈）」の住人に、「アリの町のマリア」と呼ばれた北原怜子氏と共に、集めた寄付や救援物資を分け与えるなどしました。その他、知的障害者のための施設、社会福祉法人「ゼノ」少年牧場（広島県福山市）を作ったり、教会や修道院を建てたりしています。

「ゼノシヌヒマナイネ（ゼノ、死ぬ暇ないね）」が口癖だったゼノ神父、そしてアウシュヴィッツ＝ビルケナウ収容所で、同室の1人の身代わりとなって亡くなったコルベ神父らが初めて日本の存在を知って関心を抱いたのは、シベリアのポーランド人孤児を日本が救出したことだったそうです。『ゼノ死ぬひまない―「アリの町の神父」人生遍歴』（松居桃楼／春秋社／1998）他でじっくり読めますが、ゼノ神父の献身的な社会福祉活動に対して、1969（昭和44）年に勲四等瑞宝章、1979（昭和54）年に吉川英治文化賞が贈られ、ポーランドからは1976年にポーランド人民功労勲章（現在のポーランド共和国功労勲章）第4等が授与されました。

1981年2月に来日した教皇ヨハネ・パウロ2世（在位1978～2005）は、東京都清瀬《きよせ》の病院で入院中だったゼノ神父のもとを訪れ、長年の活動に敬意を表したそうです。ポーランド出身で第264代ローマ教皇であるヨハネ・パウロ2世（カロル・ヴォイティワ）は、史上初のスラブ系教皇で神学と哲学の2つの博士号を持ち、世界平和に向けた数々の行動と母国ポーランドをはじめとする民主化活動の精神的支柱でもありました。

なお、2002（平成14）年7月、ポーランドを公式訪問された天皇陛下は、ポーランド大統領夫妻主催晩餐会でのお言葉の中で、特にコルベ神父とゼノ修道士に言及され、2人を讃えられています。

「日本人は子どもをとても大切にすると思いました」

元シベリア孤児の戦後は、どうだったのでしょうか。社会主義国時代のポーランドで、元シベリア孤児に最も早くから接触し、聞き取りを重ねてきた日本人は、ワルシャワ在住のジャーナリスト松本照男氏です。1942（昭和17）年埼玉県生まれで明治大学法学部卒の松本氏は、ポーランド高等教育省の奨学金を得てワルシャワ大学大学院ジャーナリズム研究所で政治学修士を取得し、同大学政治学研究所の博士課程で学ばれています。

1975年頃、20世紀の困難な時代を生き抜いてきた孤児――すでに60代、70代という高齢でしたが――その中の1人へレーナさんという名前の婦人に、ある日、講演会の会場で声をかけられたことから接触が始まったそうです。これを契機に、松本氏と元シベリア孤児との交流が始まり、ワルシャワで10数名と会い、さらに元孤児の誰が健在なのかの追跡調査もしていくことになりました。

元孤児の消息が手紙や電話で分かると、インタビュー内容をテープに録音したり、想い出の記を書いてもらうようお願いしたり、貴重な記録を残していく作業に取り掛かっていた松本氏は、元シベリア孤児の日本の想い出が、「気恥ずかしくなるほど、手放しの褒めようだった」と記しています。家族や周囲の友人知人にまで、日本への恩義をずっと語っていたことも徐々に分かってきました。

レジスタンス運動に身を投じたことで、アウシュヴィッツ＝ビルケナウ収容所に送られ、名前の代わりとなる番号のタトゥー（その方の番号は16658）を腕に入れられ、数少ない生還者となった元孤児（軍曹）もいました。軍曹はアウシュヴィッツ収容所へ向かう糞尿の匂いが漂う貨車内で、「賛美歌」を口ずさむ前出の聖マキシミリアノ・コルベ神父と一緒で、第14号棟の同室となり、その中の10数名が無作為に餓死刑を宣告された中、「妻と子どもに会いたい」と絶叫し泣き叫んだところ、コルベ神父が身代わりに名乗り出たことで一命を取り留めていました。

何度も生き地獄を潜り抜けてきた、年老いた元孤児たちにとって、遠い昔のわずか数カ月間とはいえ、日本での思い出は色あせないどころか〝人生の宝物〟になっていたのでした。

「64年前、私たち孤児が日本の皆さんや日本赤十字社に受けた恩義に、全孤児を代表してお礼を言いたく来ました。ありがとうございました」

大粒の涙を拭おうともせず、感謝の気持を伝えたのはあの勇猛果敢な「極東青年会」のイェジ・ストシャウコフスキ元会長でした。松本氏が同伴する形で、1983（昭和58）年に念願だった日本再訪が叶ったのです。ベルリンの壁がまだあった東西冷戦時代、東側（ポーランドなど旧東欧）諸国の国民が西側（日本や米国、西欧諸国など）へ渡ることは容易ではありませんでした。物価など金銭面でも、相当な隔たりがあった時代の話です。

シベリア元孤児たちは、収入を得るようになるとその一部を貯金に回していました。それは憧れの日本の地を再び踏むための〝夢貯金〟でした。しかし戦火を潜り抜け生き残っても、戦後は自由と民主なき社会主義国家の国民になったことで、彼らの夢は無残にも断ち切られてしまったのです。

日本赤十字社の本社と大阪府支部へ訪れたイェジ元会長は心からの謝意を伝え、60数年前の日誌をめくり、当時の写真を食い入るように見つめ、「日本人は子どもをとても大切にすると思いました」などと語っています。少年イェジらが収容された大阪市公民病院付属看護婦寄宿舎は大阪市立大学医学部附属病院となり、すでに当時の面影はほぼなくなっていたのですが、病院の裏側の庭園を歩きながら過去の景色を探し当てた際には、ひどく興奮して喜んだそうです。

1985年には、松本氏のワルシャワのアパートで同窓会を開いています。全国各地から30名ほどの元孤児たちが参集し、日本滞在中に流行《はや》ったお辞儀を繰り返したり、亡くなった仲間の話に涙したり、「君が代」を全員で歌ったり、40年ぶりの涙と笑いの再会を果たしたそうです。

「壊れた街を一時離れ、心の安定を取り戻してほしい」――被災児をポーランドに招待

1995（平成7）年1月17日午前5時46分、阪神・淡路大震災が発生しました。マグニチュード7・3、戦後初となる大都市直下型地震により、兵庫県南部の神戸市を中心に死者6425名、不明2名、負傷者4万名以上となり、住宅全半壊が20万棟以上、住宅全半焼7000棟以上、道路や鉄道などの交通網やライフラインが寸断された他、港湾施設も破壊され、臨海部では大規模な地盤の液状化現象が観測されるなど、日本のみならず世界中に衝撃を与えました。

「シベリア孤児と同じように、震災で両親を失い悲惨な目にあった被災児たちを、ポーラ

ンドに招いて慰めることはできないか」

こう考えたポーランド駐日大使館のスタニスワフ・フィリペック参事官が先頭に立って、「日本・ポーランド親善委員会」を立ち上げました。震災の年の7月と8月、翌1996年の7月と8月の2度にわたり、計50人の小・中学生の被災児たちがポーランドに招待されました。

この招待は、「壊れた街を一時離れ、心の安定を取り戻してほしい」と、大震災で傷ついた子どもたちの心を癒すことを目的に、ポーランド各地の自治体の協力も得て、交流やホームステイが行なわれました。反響は大きく、企業や資産家、芸術家をはじめ個人からも寄付や協力の申し出が相次いだそうです。

夏休みをポーランドで過ごす被災児のお世話をしていたポーランドの婦人が、被災児の1人の男の子が片時もリュックを背中から離さないことを不思議に感じ、日本側に尋ねたところ、「震災で一瞬のうちに親も兄弟も亡くし家も丸焼けになってしまったので、焼け跡から見つかった家族の遺品をリュックに詰めて、片時も手放さないのです」と聞き、「不憫《ふびん》で涙が止まらなかった」という逸話も両国で伝えられています。戦争という人的災害、震災という自然災害。家族を失い家を失い故郷が破壊されたその理由は異なりますが、魂で響き合う痛みがあってこその涙だったのではないでしょうか。

ワルシャワ郊外で開かれたお別れパーティーの場では、被災児たちは4人の元シベリア孤児とも対面しています。元シベリア孤児を代表して挨拶したのは、兄弟で救出された男性でした。

「私と弟の人生は、75年前に日本の皆さんに助けられて授かったものです。いつか恩返しがしたいとずっと考えてきました。皆さんの身に起こった不幸を思うと、慰める言葉も見つかりませんが、私たちは日本人から受けた親切を、ずっと宝物のように思って生きてきました。弟も同じ気持ちでしたが、その弟はつい2日前に亡くなりました。彼もきっとここで、皆さんに自分の体験をお話したかったろうと思います」と語ったそうです。

10年後の2005年8月、ポーランド国立物理化学研究所の教授となっていた元参事官のスタニスワフ・フィリペック博士の提案により、「心から心へ」というテーマで阪神大震災被災児童写真展をワルシャワにて開催、成長した被災児たちが再び招待され旧交を温めています。

日本人から受けた親切を〝宝物〟として生きてきた

兵藤長雄大使が、『善意の架け橋』に綴った内容などから、1995年10月、ワルシャワの日本大使公邸に元孤児8人が招待された時の様子を紹介しましょう。

「ようこそお越しくださいました。国際法という法律では、日本大使館と大使公邸は小さな日本の領土と考えてよい場所です。ここに皆さんをお迎えできたことを、本当に嬉しく思います」

兵藤大使はこう挨拶をされました。1993年からワルシャワに赴任していた兵藤大使は、「初対面でも、こちらが日本人だと分かった途端に親近感を表わし好意的になる」という体験を何度もしており、「なぜ日本人に親切なのか」「どうしてこんなに親日的なのか」と思うことが多かったそうです。大使が「シベリア孤児の話を聞かせてほしい」と松本氏へ依頼し、再び縁が深まったのでした。

「ああ、私たちは日本の領土に戻ったんだ」

80歳を過ぎた元孤児たちは大使公邸で感激し、その場所にひざまずき泣き崩れました。

「私は生きている間にもう一度、日本に行くことが生涯の夢でした。そして日本の方々に直接お礼を言いたかった。しかし、もうそれは叶えられません。ですから大使から公邸にお招きいただけると聞いた時、這《は》ってでも伺いたいと思いました。だってここは小さな日本の領土なのですから。今日ここで日本の方に、私の長年の感謝の気持ちをお伝えできれば、もう何も思い残すことはありません。本当にありがとうございました」

1人の老婦人が声を振り絞るように、こう語り出したそうです。

それにしても、元シベリア孤児の脳裏にはカラフルな〝日本〟が詰まっていました。兵藤大使が驚くほど、日本の印象を具体的に語ってくれたのでした。

真夏に汽車に乗ると、大人の男性が車内に入るやすぐにズボンを脱ぎ出し、ステテコ姿やふんどし姿になり驚いたこと、男の子がたらいで行水しているのをのぞき見したこと、支給された浴衣の袖の中に飴やお菓子をたっぷり入れてもらって大喜びしたこと、特別に痩せていたので心配した日本の医師から毎日一錠飲むようにと瓶入りの栄養剤を貰ったけれど、それが美味しかったので、仲間に一晩ですべて食べられて悔しかったこと、帰国の際の船内で、日本人船長が毎晩、巡回して毛布を首まで掛けてくれたこと、お腹一杯に食事を取ることができた嬉しさ、そして多くの日本人から親のような温かな思いやりを受けた喜びなど。

また、ある老婦人は、戦争の最中ですら肌身離さず持っていた一生の宝物を兵藤大使に見せたそうです。それは、当時の日本の庶民生活のスナップや京都や奈良など名所旧跡を写した風景写真のコレクションでした。日露戦争で捕虜となり日本に滞在した彼女の叔父が持っていたもので、同じく日本のことを忘れられないでいた姪への形見にとっていたのでした。日露戦争でロシア軍兵士として徴兵され、早々に投降して松山などの捕虜収容所で過ごした人たちの中に、シベリア孤児の父親や親戚は少なからずいたのでしょう。

別の老婦人は、見知らぬ日本人から貰ったという扇子を持参していました。

さらに別の老婦人は、離日時に日本から送られた布地の帽子を持参していました。

長い年月を経てボロボロになっていましたが、大阪カトリック司教団が孤児に送った聖母マリア像のカードもありました。兵藤大使は、戦時下にも持っていたという孤児たちの集合写真をその時、元孤児の1人から贈られています。

「日本はまるで天国のようなところでした」

2002（平成14）年7月、中東欧を公式訪問中の天皇皇后陛下は、7月12日、ワルシャワの日本大使公邸で催されたレセプションで、元シベリア孤児の3人と対面されています。美智子皇后は、足元がおぼつかない老齢の3人に座るよう促され、腰を落として1人ひとりの手を取り、いたわりのお言葉をかけられました。

その1人は、現役時代は獣医を務めたヴァッワフィ・ダニレヴィチ氏（1910〜2003）。イェジ氏とは腹蔵《ふくぞう》なく話し合った仲で、第二次世界大戦ではレジスタンス活動にも従事しています。もう1人は、大正時代の東京で節子皇后に拝謁しているハリーナ・ノヴェツカ女史（1910〜2003）。時を隔て、美智子皇后とも拝謁が叶った稀有なポーランド人です。そしてもう1人は、戦時下でも自身の命を顧みず、ユダヤ人の子どもをナチス・ドイツの迫害から匿ったことで戦後、イスラエル政府から杉原千畝と同様の「諸国民の中の正義の人賞」を授与された前出のアントニナ・リロ女史（詳細は第5章）。3名共に、「極東青年会」で積極的に活動したメンバーで、3人の年齢は紹介順に当時、91歳、92歳、86歳になっていました。

元孤児たちは「感謝で胸が一杯です」「日本の援助のお陰で、こうして生きています」「自分たちを救い出してくれた、美しくて優しい国、日本に是非ともお礼を言いたかった」「いつか恩返しをしたいと思って生きてきた」などと万感の思いで語っています。

元シベリア孤児として最後の1人となったリロ女史も、「日本はまるで天国のようなところでした」という言葉を遺し、2006年7月にワルシャワで90歳の生涯を閉じました。

生き証人は、もう誰もいなくなりました。でも日ポ両国は、その瞬間とその後の〝想い〟まで含め、史実を丁寧に残し継承していくことができる関係だと信じています。

第9章

『古事記』の翻訳者まで輩出する日本研究

ワルシャワ大学の図書館には茶室がある

「東京の人たちは迷子になって交番に駆け込んだ時も親切でした」
原宿ファッションの中学3年生、カロリーナ・マツキェヴィッチさん

梅《うめ》田良《だりょう》 忠《ちゅう》教授とその教え子で〝日本学の父〟ヴィエスワフ・コタンスキ教授

天皇皇后両陛下が、2002（平成14）年にポーランドをご訪問された際、欧州においての日本語・日本文化研究でオランダに次いで長い歴史を有し、その中心的研究機関となってきた国立ワルシャワ大学日本学科の学生との交流の時間を持たれています。

同大学に同国初の日本語講座が開設されたのは、新生ポーランドが船出した直後の1919年、ボクダン・リヒテルによってでした。翌1920年に極東文化学科が創設されました。初の日本人教授となったのは、梅《うめ》田良《だりょう》忠《ちゅう》（1900〜1961）です。曹洞宗大学（後の駒澤大学）で学んだ梅田は、1922年に奨学金を貰い、バイオリンを片手にドイツで哲学の研鑽《けんさん》を積むつもりでした。ところが船上でポーランド人の詩人スタニスワフ・ミホフスキと知り合い意気投合し、彼の勧めで留学先をポーランドに変更したのです。

ワルシャワ大学の哲学科で学んだ梅田は同大学で2年ほど教鞭を執り、ポーランド・日本協会（1922年に発足）でも教え始め、第二次世界大戦の開戦まで東洋学院でも教えています。カトリック教徒に強い共感を抱き、ポーランド文化の研究に取り組み、ポーランド人女性を愛した梅田は、日本公使館や朝日新聞の特派員としての仕事もしており、各国から情報部員としてマークされる対象となっていました。ナチス・ドイツの占領後はブルガリアへ移り、亡命ポーランド人を支援する活動を続け、終戦後に帰国。大阪市立大学文学部や関西学院大学文学部史学科で教鞭を執り、再びポーランドの地を踏む機会はありませんでした。

後に〝日本学の父〟となるヴィエスワフ・コタンスキ教授（1915〜2005）は、梅田良忠の教え子の1人でした。第二次世界大戦中、ワルシャワ大学の日本語講座は一時的に中断されていましたが、戦後、同大学で修士号と博士号を取得したコタンスキ教授を主任とする体制で1956年に中国学科へ日本学部が付設され、1969年より日本学科として独立しました。

戦前より上代日本語・神話の研究を始めたコタンスキ教授は、1981年に『古事記』の全訳版を刊行した偉業で国内外に知られています。日本人ですら原文を読むことが困難な『古事記』の言語学研究を、コタンスキ教授が本格的に着手したのは1970年代前半で、『古事記』を解読する糸口として、大衆にも理解しやすい本居宣長《もとおりのりなが》や橋本進吉《はしもとしんきち》の研究を元に、それまで研究者が誰も考慮していなかった「音の高低の違いによる声調」の分析に取り掛かったのです。そして『古事記』の神名を解読していきます。コタンスキ教授によると、各民族に貢献し、ある物や人の本質を示す神名には当時の宇宙観が反映されており、その文化的視点から『古事記』を解釈したそうです。このポーランド語訳の『古事記』は1万部以上売れ、今日に至るまで愛読されています。

日本文学の研究者が研究を継続できるよう、図書・研究資料の購入費を日本が援助してきたことへの謝意を語ってきたコタンスキ名誉教授は、1999（平成11）年3月、日本文化の海外への紹介に功績のあった優れた著作・著者を、近世大阪の生んだ世界的町人学者にちなんで顕彰する「第17回山片蟠桃《やまがたばんとう》賞」を受賞しました。

優れた言語学者で宗教学者でもあるコタンスキ教授による日本研究と翻訳は、短歌などの短詩や能、狂言を含み、古代から近代まで広範囲にわたり、日本学科の主任教授として数世代の日本学者を育成してきましたが、その1人が本著でも度々登場する同大学東洋学部日本学科長を務めたエヴァ・パワシュ＝ルトコフスカ教授（人文学博士）です。

ワルシャワ大学の図書館には茶室もある

そして、ルトコフスカ教授の同窓生で時期こそ違うものの東京大学への留学経験があり、ポーランド共和国成立後の1993年にポーランド外務省へ入省し一等書記官や公使、そして特命全権大使（2008年7月〜2012年6月）などの立場で日本に赴任、日ポ両国の関係強化に貢献したヤドヴィガ・マリア・ロドヴィッチ＝チェホフスカ文化・国家遺産大臣もその1人です。博士号を取得し、能にとりわけ精通しているチェホフスカ大臣は、2001年にワルシャワで出版した『完全なる役者—世阿弥元清伝書』で最優秀著作賞を獲得。ショパンを題材にした創作能「調律師―ショパンの能」の披露をはじめ、茶道、合気道など日本文化のポーランドにおける普及や日本でのポーランド文化センターの開設に尽力し、東日本大震災時には全権大使として「日本との連帯」に奮闘、2013(平成25)年に旭日重光章を受章しています。

ワルシャワ大学図書館2階には「高島基金」による本格的な茶室があり、授業の一環として裏千家講師による茶道が行なわれ、茶道愛好家も着々と育んでいます。日本の伝統、文化に誇りを持っていた高島浩一・共栄製鋼会長(故人/1996~2000年に在大阪ポーランド共和国名誉総領事)の妹、高島和子・在大阪ポーランド共和国名誉総領事が2004(平成16)年に茶室「懐庵」の設立に着手、日本から設計士や数寄屋大工、庭師、左官、そして日本製の茶室建設資材を送り込み、ポーランド初の本格的な茶室を完成させたのです。同大学のキャンパスには、社会主義体制から転換後のワルシャワ大学日本学科の窮状を救うため、高島浩一会長が1992年に設立した「高島基金」が寄贈した100本の桜並木があり、毎春、満開の時を迎えます。

なお、2015(平成27)年7月には、30年以上にわたりポーランドにおける日本研究の発展と裾野の拡大に多大な貢献をされてきたエヴァ・パワシュ=ルトコフスカ教授に対する旭日中綬章の伝達式が、日本大使公邸にて執り行なわれました。2006年から20

13年にかけてワルシャワ大学東洋学部日本学科長を、2000年から2014年までは同大学文化間関係研究所長を務めたルトコフスカ教授による日本・ポーランド関係史の研究は特に、日本の現代史を俯瞰《ふかん》して見つめ直す上でも、大変に重要かつ貴重なものと筆者は考えています。

「ポーランドを第2の日本にしよう」

反体制側「連帯」と体制側が政治運営について話し合った「円卓会議（1989年2月〜4月）」は世界的に有名ですが、東欧で戦後初めての非共産党政権を誕生させた立役者で、1990年12月に大統領に選出されたレフ・ワレサも大変な親日家でした。「ポーランドを第2の日本にしよう。我々は第2の日本になりたい。普通の日本の市民が体験している明るさ、自由、豊かな暮らし、そういうものがポーランドに欲しい。第2の日本を目指そう」と熱く語ったことでも知られています。

東西冷戦の象徴だったベルリンの壁の崩壊（1989年11月）、ソビエト社会主義共和国連邦の崩壊（1991年12月）といった歴史的に大きなうねりの中で、東欧諸国やバルト3国、中央アジアなどが、民主化、自由化、独立を獲得し、新生国家として大きく舵《かじ》を切り始めていた頃の話です。

今上天皇皇后陛下の通訳もされた、ワルシャワ大学のエヴァ・パワシュ=ルトコフスカ教授。『日本・ポーランド関係史』著者、2015年９月現在は日本史および19世紀末からの日本・ポーランド関係史の講義を担当

そのワレサには、同志とも言える日本人がいました。前述した日本人初の日本語教授、梅田良忠の長男、梅田芳穂《よしほ》（1949〜2012）です。父の遺志を継いで1963年、中学2年生の時にポーランド（ウッジ市）へ移住した梅田少年は、父の友人である考古学教授の家庭で暮らし、ワルシャワ大学ポーランド文学部へ進学。日綿実業で勤務していた1980年、独立自主管理労組「連帯」の発足にあたって知己の反体制知識人グループの要請により組織作りに関与し、翌年、初の海外正式代表訪問先を日本に設定することに成功し、ワレサ議長らを引率しました。

戒厳令下で同国軍事政権より一時、国外追放処分を受けたりしましたが、ワレサ議長らと共にポーランドの民主化、自由化に多大なる貢献をした日本人として知られています。

「鬱」がなぜ常用漢字に入ったのでしょう？

ワルシャワには、1994年10月の新学期に学生数90名で開校した、「日本のODA（政府開発援助）の成功モデル」と言われる大学もあります。ポーランド政府から1993年に、情報工学分野の人材育成を目的とする「ポーランド日本情報工科大学」の設立と、教育プログラム開発に対する支援を求められた日本は、累計312万ドルの資金を提供し、国際協力機構（JICA）の専門家を派遣したり、研修員を日本に受け入れたり、機材の提供など総合的な支援を行ないました。

現在では国内で最大規模の情報工学系大学となり、2007年には日本文化学部も開設され日本を総合的に学べる大学として人気が高く、付属高校も開校しています。国際交流基金と財団法人日本国際教育支援協会が運営し、日本語を母国語としない人々を対象に年2回実施している日本語能力試験についても、同大学が実施機関となっています。

その他にも、クラクフのヤギェウォ大学、ポズナンのアダム・ミツキェヴィチ大学などの国立名門大学や私立大学に日本学科があり、日本文学や言語学などの学位が取得できること、理工系の学生にも日本語熱が高く、高等教育においても「日本」は欠かせないキーワードになっています。それどころか国立大学の日本学科は大変な人気で、倍率は20～30倍と超難関です。一例で2006年のワルシャワ大学日本学科の倍率は30倍強、これは全大学の学科においての最高倍率だったそうです。

一般的に非漢字圏の若者層は、日本語をかじったり専攻したりしていても、その大多数は漢字の読み書きに抵抗があります。ところがポーランド人は話術や完璧な発音のみならず、読み書きの習得にもとても積極的です。「漢字の見た目や日本語の響き、すべてが大好き」という声すらあります。実際、日本語の実力を示すデータもあります。日本の文部科学省が実施する日本語・日本文化を学ぶ国費留学生（日研生）の数において、近年、ポーランド人は非漢字圏の中で世界一位、毎年20名前後が合格しています。

ワルシャワ大学と並ぶ最高学府の1校、国立ヤギェウォ大学の日本中国学科の大学院に在籍するアーノルド・ノビック君から受けた質問には、新鮮な驚きを感じました。「ウツの漢字は『欝』と『鬱』がありますね。なぜ、難しい方のこちらの『鬱』が今回、常用漢字に入ったのでしょう?」とメモ帳にスラスラと書きながら尋ねたのです。

常用漢字表が改定（平成22年11月内閣告示）されたことは新聞報道で知ってはいましたが、その際、新たに196文字が追加され、その中でも最も複雑な文字は「鬱」だったようです。日本の成人のどれほどが「欝」「鬱」を正確に書けるのか相当怪しいはずですが、アーノルド君は複雑なこの2文字すら完璧に書けるのです。

ちなみに我々日本人を含む一般的な日本語学習は、ひらがなとカタカナをマスターして、その後、頻度が高く書き順の少ない常用漢字を徐々に覚えていく方法ですが、アーノルド君の勉強法は独特です。漢字の「読み」は、音読みや訓読みもある上に微妙な変化もあるため二の次として、まずは「筆記」から。常用漢字すべてを正確に書けるよう練習して、文章も最初から漢字を混ぜて書いていたそうです。

ポーランド日本情報工科大学での能のワークショップ

女子相撲すら盛ん

首都ワルシャワ、クラクフなどの大都市には幾つも日本語講座（私塾）も開校していて、放課後や週末に小学生や中学生も通っています。1学期の学費は日本円で2万円程。受講費がもっと高い塾もありますが、いずれにしても平均所得や物価から考えれば、決して安い値段ではありません。

「いつ、日本や日本語を意識したのか」について、クラクフにあるサンスター日本語学校（詳細は後述）で学ぶ中学・高校生に尋ねてみたところ、大多数が5～7歳に遡《さかのぼ》るようです。漫画やアニメなら『NARUTO-ナルト-』『ONE PIECE（ワンピース）』『ドラゴンボール』『セーラームーン』『ドラえもん』『ポケモン』、そして『となりのトトロ』はじめ宮崎駿《みやざきはやお》作品など。日本発のサブカルチャーは、ポーランドのみならず世界でこの10余年、定番の人気を誇っています。

その他、「北斎《ほくさい》の浮世絵や和服に感激して」「テレビドラマの『花より男子』を見て」といった声もあり、JポップやJロックにも詳しく、2012年に取材した際は、「シンガーソングライターのYUIさんが人気」「いきものがかりが好き」など、ネット世代らしく今をキャッチアップしていました。将来については「漫画家か日本語の翻訳家になりたい」「日本学科に進みたい」といった声も上がりました。「日本の神様、神道や仏教につい

サンスター日本語学校で学ぶ中学３年生のユリア・ブコフスカさん

て学んでいる」という女子生徒もいました。

インターネットの普及も後押しすることで、全世界で親しまれている漫画やアニメ、Jポップ、Jロック、メイドカフェなどのサブカルチャーのみならず、黒澤明監督の映画作品や日本文学、松尾芭蕉の俳句、歌舞伎や浄瑠璃、能、狂言、浮世絵、琴、茶道、和食、和菓子といった伝統芸能や伝統文化を鑑賞、堪能することが趣味というポーランド人、その方面の専門家や研究者が他国と比べても目立ちます。空手、柔道、相撲、合気道、剣道といった日本の武道も盛んです。武道は「ユニフォームがカッコいい」などの理由も含め、人気が高まっています。相撲については、女子相撲すら盛んです。

テレビ東京の番組「世界！ ニッポン行きたい人応援団」の出演者にもポーランド人が目立ち、相撲や弓道、日本庭園、お寺を愛する人から、錦鯉を愛する小学生の女の子、甲冑《かっちゅう》作りをするポーランド人男性などマニアックな趣味まで、番組を盛り上げています。

受験とは無関係な日本語なのに「学びたい！」

ポーランドにおいての外国語教育は、英語、ドイツ語、フランス語、スペイン語、イタリア語、ロシア語の6種類が基本です。戦後からソ連解体前までの主流はロシア語でしたが、90年代から英語に変わり、2004年5月に欧州連合（EU）入りしたことで、大多数の子どもは小学3年生（現在は多くが1年生）から英語（一部がドイツ語など）を学び始め、中学校へ進学すると、さらに第2外国語でドイツ語やフランス語などを選択します。ごく一部ですが、日本語が選択できる中学校や高校もあります。

ポーランド日本情報工科大学日本文化学部・副学部長の東保光彦教授の関係者（ポーランド人）が、2012年5月にワルシャワ第212小学校（2～6年生の計400人弱）を対象に行なったアンケート（質問は①日本に興味がある？　②日本語を習いたい？　の2問）で、2年生はYESの回答が①64％②57％、3年生は①72％②69％と驚きの数字で、5学年を平均すると63％が「日本に興味がある」、56％が「日本語を習いたい」でした。

母語のポーランド語、英語、そして欧州言語というトライリンガルを目指す、それだけでも大変なはずですが、受験と無関係な「日本語」、しかもアルファベットではなく漢字とひらがなとカタカナで表記し文法も異なる外国語を学んでいる、もしくは学びたがっている若年層がこれだけ目立つ国は、世界的にもかなり特殊です。

在ポーランド日本国大使館広報文化センターの資料によると、国際交流基金の日本語能力試験がワルシャワで実施された初年度（2004年）の受験者総数は約80名でしたが、2012年には約750名となり、最新では約1000名にまで増加しています。

EU加盟を契機に日系企業がポーランドへ次々と進出しており、日本語のニーズが以前より高まっていること、SUSHIはじめ日本食レストランの増加なども追い風になっていると考えられます。ただ、アジア諸国においての80年代と90年代の日本語学習ブームのような、「就職や転職の際に有利になるから」といった経済に裏打ちされた理由は、ポーランドにおいての主流ではなさそうです。

被災地に届いたボロボロの段ボール箱

未曾有の被害が出た、2011（平成23）年3月11日に起きた東日本大震災。この大災害を機に、日ポの若者たちの交流も始まりました。同年の秋、仙台《せんだい》白百合学園中学・高等学校（宮城県仙台市泉区）にボロボロの段ボール箱が届きました。その送り主は、ポーランド共和国の南部に位置する古都クラクフ市にあるサンスター日本語学校（以下サンスター）でした。

箱を開けてみると、手紙がびっしり入っていました。1通1通の手紙には、「皆さんお元気でしょうか?」「日本のことを心から心配しています」といった手書きの日本語文と名前や年齢などが記され、テディベアの携帯ストラップも同封されていました。

200通ほどの手紙を収めたこの段ボール箱は、ポーランド郵便が「安全が担保できない」と陸上郵便で送ったことにより、シベリア鉄道、ナホトカ（ロシア連邦の極東部、沿岸地方に面した商港都市)、日本海から新潟を経て仙台へ。実に5カ月近くユーラシア大陸を〝旅〟しながら、目的地に届いたのでした。

テレビが報じる大津波の映像に驚き、自分のことのように憂いたサンスターの生徒たちが、「自分たちにできることは何なのか?」を時に涙しながら話し合い、「日本語で手紙を書いて被災地へ送ろう」と決めたのでした。手紙の送り先については、宮城県や福島県など被災地にあるカトリック系の学校に焦点を定め、インターネットで検索したそうです。

シャルトル聖パウロ修道女会を母体とするカトリック系のミッションスクール、仙台白百合学園中学・高等学校の阿部和彦教頭は、2011年の当時をこう回顧しています。

「不幸中の幸いは、生徒から死傷者が出なかったことです。学園の体育館やホールの天井が落ちるなど結構な被害があり、学内の様々な仕事に追われ正直なところキリキリしていました」

東北最大の沿岸都市、仙台市は海岸平野部で多数の死者・行方不明者を出し、津波浸水地域の面積は石巻《いしのまき》市に次ぐ広さでした。ただ市街地は内陸の平野部に発達しており、仙台白百合学園も市内北西の内陸部にあり、津波の被害からは逃れることができました。

とはいえ、同学園の生徒の自宅は方々にあります。大震災から5カ月ほどを経ていても混乱が続いている状況でしたが、青木タマキ学校長が音頭を取り、生徒たちと教師が手紙をおみくじのように無作為に選び、各々宛ての返事を書くことにしたそうです。

これを契機に、サンスターと同学園との文通が始まり、とんとん拍子で話がまとまり、翌2012年6月下旬より、第1弾として日本語力の比較的高い女子高校生8人が、同学園の生徒宅で2週間ホームステイしながら体験入学をすることになったのです。

ポーランドからの女子高校生8人は、仙台白百合学園で同世代と共に授業に参加し、課外活動を楽しみ、宮城県中部の東松島市矢本にある仮設住宅を慰問し、帰国前には東京に数日滞在し、東京スカイツリーや浅草、アキバこと秋葉原《あきはばら》周辺、新宿《しんじゆく》を観光するなど、計3週間の日本滞在を経験しました。これは、日本とポーランドの間で史上初となる高校短期留学プログラムとされます。


ナマの日本人を見たことがなくても熱烈に〝片想い〟


サンスターの兵頭博代表（校長）がこう語っています。

「大震災直後の3月中旬、生徒約150人がつたない日本語を駆使して、被災地の同世代の若者たちに自発的に手紙を書いてくれたことは本当に嬉しかった。ポーランドの生徒たちは、日本の同世代との交流を心から望んでいます。その一方、正直申し上げてポーランドの学校との交流を希望する日本の中学校や高校など皆無に等しいのです。事実、大震災が起きる前までの数年間、50校ほどの日本の高校に、交流のご案内をクラクフのガイドブックや生徒たちの写真などを添えて郵送したのですが、返事が来たのは2校だけ。それも『誠に残念ですが……』という内容でした。ですから被災地で大変な時期でありながら、お返事をいただき、翌年には短期留学プログラムという形につながるなんて、奇跡であり感謝の一言です」

米国と英国の大学で学びポーランド人女性と結婚、ポーランドに移り住みクラクフ第2高校で英語教師をしていた兵頭氏が開校したサンスター日本語学校は、2015年現在、中学生から社会人まで約250人が通っています。教師時代、学校からの提案で部活動の「日本語部」が立ち上がり、それが評判となったことで一般市民にも開放され、1998年からは独立した日本語学校（日本語塾）として現在に至っています。

確かに、日本の中学や高校で国際交流や海外修学旅行を企画するなら、英語圏以外では隣国の中国や韓国、台湾などアジア諸国を対象とするのが一般的です。物理的距離はもちろん、民族、言語、宗教といった違い以外、情報量の乏しさから旧東欧・中欧あたりは「遠い」イメージがあります。

サンスターのあるクラクフは、かつて欧州の大国として繁栄したヤギェウォ王朝時代（1386〜1572）の首都で、第二次世界大戦中にはナチス・ドイツの司令部が置かれました。約270万人のユダヤ系ポーランド人が亡くなったとされるアウシュヴィッツ＝ビルケナウ強制収容所に近く、旧市街のまさにヘソの部分がいち早く世界文化遺産に指定されたこともあり、欧州有数の観光地といえます。「最も美しく、最も好きな都市」の1都市として、西洋社会からの評価は今日に至るまで絶大です。しかしながら、日本人の観光客や居住者は多くありません。でも、ポーランド人の（たとえ一部かもしれませんが）日本を熱烈に〝片思い〟している空気があるのです。

ナマの日本人を校長先生以外、おそらく1人も知らない、ヨーロッパの外にも出たことがない、サンスターの女子高校生8人が、「夢にまで見た」日本で何を感じたのでしょう？

「日本人は親切で、礼儀正しい」「学校に様々なルールがあることに驚きました」「学校生活で、先輩を尊敬していることが分かりました。ポーランドには、先輩という表現がありません」「ホームステイ先で経験した『行ってきます』『行ってらっしゃい』『ただいま』『おかえり』『いただきます』といった表現は、ポーランドにないので新鮮でした」「とても安全で、トイレにカバンを置き忘れたけれど何も盗まれませんでした」「ウォシュレットに驚きました（笑）」「工事現場に、車や歩行者を誘導するための人員がいるなんてすごい！」「車内では携帯ばかり見ていますね」「山、森林、海、自然の美しさに感動」など。

兵頭代表は、「生徒たちが感じた日本人の素晴らしさは『思いやり』『礼儀正しさ』『美しさ』の3つの表現に集約されます」と語っています。

設立から800年の教会で、史上初めてとなる日ポの合同ミサ

翌年の2013年3月中下旬に、今度は仙台白百合学園の生徒23人と阿部教頭先生を含む引率の教師3人が、ポーランド共和国の首都ワルシャワとサンスターの生徒たちが待ちわびるクラクフに滞在するプログラムが組まれました。

仙台白百合学園の生徒たちが、手紙に対するお礼を述べ、その手紙にどれほど励まされたかを伝え、そして、被災した生徒はその報告をパワーポイントで行ない、津波の場面を記録した映像も見てもらいました。会場はしんと静まり返っていました。しかし、その後、校歌や手話入りの歌を披露すると会場は交流ムード一色になったそうです。

クラクフ滞在の2日目は、日ポの歴史に刻むべく1日となりました。中央広場の一角にある聖マリア教会の大聖堂で、仙台白百合学園とクラクフ市民合同による東日本大震災を追悼するミサが行なわれたのです。

クラクフ歴史地区は1978年、ユネスコの世界遺産に登録された第1号の世界遺産（文化遺産）であり、1222年に同地区に建造されたゴシック建築の聖マリア教会も世

界遺産に含まれています。12年の歳月を費やして完成された中央正面のヴィオレットストウオシ聖壇は、国宝にも指定されています。ショパン没後150年の1999年5月には、ベルリン・フィルハーモニー管弦楽団（ベルナルト・ハイティンク指揮）によるヨーロッパ・コンサートが大聖堂で行なわれ話題となりましたが、同教会に限らずポーランドの教会は観光地化されておらず、国民の約88％を占めるカトリック教徒がミサに参加し、お祈りを捧げる神聖な場です。

追悼のための合同ミサの参列者は1200人ほど、サンスターと地元クラクフ第1高校の生徒他、中央広場に面した大聖堂の前にも多くの市民が集まりました。東日本大震災で家族や親戚、友人や知人を亡くし、九死に一生を得ても大地震や津波の恐怖などにより、心に大きな傷を抱える人々が周囲にまだ大勢いる中、仙台白百合学園の一行は、異国のこの地で〝癒し〟に包まれたのです。

侵略や迫害、ジェノサイド（1つの人種・民族・国家・宗教などの構成員に対する抹消行為）、戦争、そして自然災害……。両国、両地域で暮らす人々が背負ってきた歴史、宿命なのか運命なのか辛い体験は異なります。しかしながら聖マリア教会での合同ミサは、時空を超えて共鳴、共感するという崇高な時を刻むことになりました。

日本のお嬢さんを、あと1年ほど面倒見させてください！

仙台白百合学園の生徒たちの受け入れ側となったポーランド側では、事前からその後まで〝密かなる大騒動〟が続いていたようです。「是非とも、我が家にホームステイしていただきたい！」と名乗りを上げる家族が殺到し、倍率が3倍に膨らんだホストファミリー候補の面談を行なうことになったのです。中には、「日本の女の子のために、父親がはりきって家のリフォームを始めてしまいました。先生、日本人を我が家にください！」と面談で直訴《じきそ》してきた生徒もいました。

クラクフ駅に到着後、家に預かる予定の女子の薄着ならぬ〝薄足〟に驚き、「寒いだろうから」と、さっそく重く頑丈なスノーブーツを買ってプレゼントしたホストファミリー、自由行動にあてられていた日曜日、氷点下20度近い極寒だったにもかかわらず終日、ピクニックに連れ出したホストファミリー、あまりの可愛らしさに思いつく限りの親戚に紹介して自慢してまわったホストファミリー（その度、殺人的な量のご馳走を半強制的に食べさせられた主役＝仙台白百合学園の生徒は「大変だった……」というおまけ付き）などなど。

「ホームステイ後、本気で『この日本のお嬢さんを、あと1年ほど面倒見させてください！』と直訴してきた保護者もいました」と兵頭代表。ホストファミリー、日本語講師などポーランド側の関係者たちは、その他、以下のような感想や後日談を述べています。

「礼儀正しさに感動しました。ランチの時、紙ナプキンを手渡しただけなのに『ありがとうございます』と丁寧に頭を下げて受け取る姿に、素晴らしさを感じると同時に改めて驚かされました」「日本の社会に根強いと聞いていた『先輩・後輩』の文化が、それほど感じられなかったのは逆に新鮮でした」「ポーランドの生徒たちが、仙台白百合学園の生徒さんの可愛らしさに『まるで、よく見ているアニメのキャラクターみたい！』とキャーキャー騒いでいたのは面白かった」「普通の男子生徒なのですが、日本人の女の子に『キャー、イケメン！』『かわいい！』などと連発されたことで、自分に自信を持てたのか、ポーランド人の彼女ができましたよ（笑）」など。

「日本人男性と交際したい！」と恥ずかしそうに語っていたサンスターの若き女性講師に、以前、私は「どんなところがステキですか？」と聞いたことがあります。その意外な答えに驚きました。「ふーん」「へぇー」といった、日本人男性の頷《うなず》くリアクションがとても好きなのだそうです。ネットやDVDで日本の恋愛ドラマを観ていての印象のみならず、日本を訪れた際の〝ナマの日本人男性〟からも、その頷きに「包容力のような優しさ」を感じたとか。

「日本人男性、オジサンたちは妻や女性の話をただ聞き流しているのか、深く考えていないから、『へぇ～』と言うのだろうし、若者はひたすら優しい草食系（草男）だらけ」との言葉が頭に浮かんだのですが、夢を壊してはいけない！　と、その言葉を呑み込みました。

「家の中では男性より女性の方が強いそうですね！」

この後、仙台白百合学園から正式な招待を受ける形で、同年の2013年12月、サンスターの生徒10人が再び短期留学することになりました。被災地でのボランティアを含め、約3週間を日本で過ごすプログラムです。

「巨大な津波が押し寄せる動画を、ポーランドの現地メディアが繰り返し報じたこともあり、私を含む日本語学校関係者は、大震災発生当初、『日本語を勉強する価値を見失うだろうから、生徒数は激減するのでは……』などと語り合っていました。しかもウクライナのチェルノブイリ大事故の際に隣国ポーランドもパニック状態に陥ったことから、放射能に対しても大人には少なからずトラウマがあります。福島の映像を観たことで、『日本へはもう行くことができない』と意気消沈したのではないかとも危惧《きぐ》しました。ところが現実はその真逆で、生徒数は減るどころか増加しています」と、サンスターの兵頭代表が笑顔で語ります。

日本留学プログラムへの参加希望者を募ったところ、40人以上の女子の応募が殺到しました。全校生徒数は250人ほどで、下は中学生から上は社会人まで学んでいる共学校なので、この数字がどれほど大きい割合かが分かります。

選考会の面接は、まさに〝笑いと涙〟でした。40度ほどと異常な猛暑の中、博物館でしか見られないような重さ20キロほどもある本物の分厚い民族衣装姿で面接会場に訪れ、そのまま汗だくで中世舞踏を披露した生徒、「伝統的なお菓子です」と数キロ分のクッキーを自宅で焼いてきて面接官に振る舞った生徒、着物姿で面接会場に現れた生徒、果ては、面接中にいきなり涙を流して、「行かせてください」と土下座をする生徒などもいました。

娘を日本へ送り出した保護者にとっての「日本」も、少し聞いてみました。

ある母親は、「3つのホストファミリーにお世話になり、日本の伝統に直接触れることができ、娘は興奮しっ放しだったようです。特に、1つのご家庭は由緒ある武家屋敷だったそうで、先祖代々伝わる甲冑《かっちゅう》、刀を見せてもらい大興奮したそうです。出会ったすべての皆さんの優しさと友情、一生忘れることがない貴重な3カ月を過ごさせてもらいました」などと記しています。さらに、「日本は男尊女卑の伝統が根強く残っている国」とのイメージを持っていたそうですが、娘さんの帰国後、それが一変し、「今の日本は、家の中では男性より女性の方が強いそうですね！」と笑っていました。

「傷だらけの段ボール箱から、このような交流に発展することになるとは思いもしませんでした」と阿部教頭は驚きの気持ちをポツリ。クラクフから5カ月を経て届いた〝ボロボロの段ボール箱〟の手紙200通から始まった日ポの交流は、神様が両国の若者に与えた偶然のような必然だったのではないでしょうか。

交流は現在進行形で続いています。このサンスターの例のみならず、ポーランドからの〝美しい種〟が日本各地に少しずつ蒔かれ、花を咲かせつつあります。一期一会《いちごいちえ》のご縁を〝宝物〟と感じるポーランド人の熱き想いが日ポの絆を深め、着々と未来につなげていく礎《いしずえ》、試金石になっていると確信します。

第10章

「美しい精神が日本には本当に存在するのです」

アンジェイ・ワイダ監督の悲願だった日本館"マンガ"

「お箸で食べるのは難しいよ」。カフェ・マンガでお寿司を食べる子ども

第二次世界大戦中、ワイダ少年は浮世絵で開眼した

中世の街並みが美しいポーランド南部の古都クラクフ。１９７８年、「ユネスコの世界遺産に登録された第1号の都市（12都市の中の1つ）」に選ばれたこの地に、〝マンガ〟があります。日本語では「日本美術・技術センター」などと記されていますが、ポーランド語での正式名称を直訳すれば、日本美術技術博物館マンガ（Muzeum Sztuki i Techniki Japońskiej Manggha）（以下〝マンガ〟）となります。

〝マンガ〟は「日本」を紹介する博物館として、日本語学習はもちろん、様々な定期講座や歌舞伎、能、三味線演奏、剣術、盆栽などのイベントを行なう場として老若男女に親しまれています。和カフェ（カフェ・マンガ）もあります。

２０１４（平成26）年7月、安倍晋三政権は日本政府の対外政策や文化・情報を世界に発信する「ジャパン・ハウス」を海外に建設していくこと、「日本ブランド」の発信力を高め、売り込んでいく方針などを発表しましたが、その20年前となる１９９４年11月に開館した〝マンガ〟は、「日本をこよなく愛する」「日本の文化や伝統、芸術を最も理解している」外国人の1人であり、ポーランドが生んだ世界的な映画監督、アンジェイ・ワイダ監督（１９２６〜２０１６）の発案によって実現した日本館です。しかも、２００５年以降、〝マンガ〟では日系企業による先端技術展示なども行なっており、安倍政権が打ち出

した構想のまさに先駆的な存在なのです。

ポーランド東北部のスヴァウキ県（現ポドラシェ県）スヴァウキに生まれ、15歳頃より画家を目指していた17歳（本人の最近のメッセージに「19歳」との記述もあり）のワイダ少年は、クラクフ織物会館で浮世絵など日本美術品と出会いました。その時のことを、「衝撃的な感動だった。これまで目にしたことのない、明るさ、光、規則性、調和……。それは、私の人生における真の芸術との最初の出会いでした」などと回想しています。その数年前の1939年9月1日、ドイツ軍のポーランド侵攻により第二次世界大戦の火蓋が切られ、国内軍兵士となったワイダ少年が、反ナチス・ドイツのレジスタンス運動に従事し始めた頃のことです。

なぜ、戦時中に日本美術が展示されたのでしょう？

ワイダ監督はこの疑問について、「日本はドイツの同盟国だったから、ヴァヴェル城に本部を置いていたドイツ軍の総督が、日本に敬意を表するため展示を決めたのだろう。私は危険を承知で織物会館に紛れ込んだが冒険だった。その時のことは、今でも細部にわたって鮮明に覚えている」「当時は誰がどういう理由でコレクションしたといったことも、まったく知らなかった」とも語っています。

魂に訴える秀逸な作品で体制批判を続けたワイダ監督

欧州の中でも極めて甚大な戦争被害に遭い、さらに戦後はソ連のスターリン体制の支配下に置かれ、社会主義国の道を歩み始めることとなった最中の1946年、アンジェイ・ワイダ青年はクラクフ美術大学へ入学し、その後、ウッチ映画大学へ進学して1953年に卒業すると、助監督を経て、ナチス占領下のポーランドを舞台に若者たちによる反ナチ運動と共産党系人民軍（AL）への加担を描いた『世代』で、1955年に映画監督としてデビューしました。

そして、1957年に発表した『地下水道』が第10回カンヌ国際映画祭で審査員特別賞を受賞、1958年にイェジ・アンジェイェフスキの同名小説を映画化した『灰とダイヤモンド』ではソ連の支配下にある中でのレジスタンスを象徴的に描き、翌59年の第20回ヴェネツィア国際映画祭で国際映画批評家連盟賞に輝きました。

これら3作品は、ワルシャワ蜂起時のレジスタンスや、戦後共産化したポーランド社会の苛酷な運命を描いた「抵抗3部作」として知られています。政府による統制経済の影響でブルジョア的文化が否定され、文化芸術には不可欠な言論と表現の自由が厳しく制限される中、ワイダ監督は巧みに検閲を潜り抜け、魂に訴える秀逸な作品により体制批判を続け、〈ポーランド派〉の代表的存在に上りつめていきました。

ワイダ監督をはじめ、ユダヤ系のアンジェイ・ムンク（1921〜1961）、現ウクライナ領生まれでアルメニア系のイエジー・カヴァレロヴィッチ（1922〜2007）などの監督や劇作家による、抑圧された社会と人間像を重厚に映してきた政治的・社会的色彩の濃い作品が、1950年代から60年代初頭にかけて国際映画祭で数々の賞を受賞したことで、西側のメディアから〈ポーランド派〉と注目を集めたのです。

ポーランド映画は〝灰〟の中から不死鳥のごとく甦りました。

ワイダ夫妻が発起人となった「京都―クラクフ基金」

ポーランドという国家、そしてユダヤ系を含むポーランド人は、この1世紀を振り返ってみても、周辺の超大国に事実上、消滅させられたり、意のままに操られたり、無残に殺害されたり、街を壊滅状態にされたりと、まさに悲劇の縮図でした。陸軍将校だったワイダ少年の父親も1942年、ソ連の内務人民委員部（NKVD）によってカティンの森で銃殺されました（詳細は第7章）。しかも戦後の東西冷戦期は、この「カティンの森虐殺」がナチス・ドイツ軍の犯罪とされ真相はほぼ闇に葬られていたのです。

1981年12月の戒厳令で独立自主管理労組「連帯」のレフ・ワレサ（後の大統領）が軟禁され、「連帯」の支持者でワレサを映画に特別出演させるなど友人関係にあったワイダ監督も、ポーランド映画人協会会長の座を追われ、自国政府によって製作プロダクションが解散に追い込まれ、海外での製作を余儀なくされるなどの辛酸《しんさん》も舐めています。

名声そして逆境……。強靱《きょうじん》な精神力を培《つちか》いながら、稀代の才能を発揮し続けてきたワイダ監督ですが、心の中にずっと大切にしまっていたことがありました。それは「日本の文化に触れて、（自分のように）開眼するポーランド人が、きっとこれからも現われるはず」という〝確信的な想い〟でした。「北斎《ほくさい》の『神奈川沖浪裏』、喜多川歌麿《きたがわうたまろ》の美人画や安藤広重《あんどうひろしげ》の『名所江戸百景　大はしあたけの夕立』は、私の記憶に刻まれ、どこに行っても永遠に私の物となりました」とも回想しています。そして、クラクフ国立博物館に所蔵されている日本美術コレクターのフェリクス・ヤシェンスキ（1861～1929）の膨大なコレクションを、常設で展示する美術館を造る夢を抱き続けていたのです。

というのも、戦後は表向き「展示する場所がない」などの理由から、浮世絵をはじめとした作品群は、博物館の倉庫のこやし状態で、数々のコレクションを閲覧できるのは研究者に限られ、国内外の展覧会などでごくたまに一般人の眼に触れる程度だったのです。

ワイダ監督が長年の夢の実現に向けて動き出したのは1987年、稲盛財団による日本において科学芸術の貢献者に与えられる京都賞（第3回）の精神科学・表現芸術部門を受賞した時でした。「若い時に経験した感情や歓喜は、人生において最も強く心に残る。若い自分が日本の美術に触れた際に得た、あの幸福感を他の人々にも味わってもらいたい」と、ワイダ夫妻が発起人となり、副賞の4500万円を基に「京都－クラクフ基金」を立ち上げ、日ポ両国で募金活動を展開していきました。

「こんな大金を手にしたことは、人生で初めてのことだった。妻？　僕の夢に100％賛同してくれた。でなければ、動き出せなかったよ」

ワルシャワにあるワイダ監督のスタジオで、2016年5月に一時間半以上、独占インタビューする機会に恵まれた私に、90歳のワイダ監督はお茶目な笑顔でこう回想していました。

募金委員長は三井物産の八尋俊邦《やひろとしくに》会長、岩波ホール（東京都の映画館）に同基金の日本支部が置かれ、ワイダ監督と親しく各界に人脈があった高野悦子総支配人（1929～2013）が方々に働きかけ、ワイダ監督も自ら街中で募金活動を行ないました。80年代後半の日本はバブル経済真っ只中、一方のポーランドは統一労働者党（共産党）主導による社会主義経済運営が行き詰まり、ワレサ率いる「連帯」が掲げる反共、民主化を求める声が高まっていました。

日本政府が約300万ドルの拠出を決め、1992（平成4）年にはJR東労組（東日本旅客鉄道労働組合）がワイダ監督の情熱を支援する方向性を打ち出し、街頭カンパや

「1週間1人10円カンパ」に取り組み100万ドルを提供したことが、ワイダ監督の夢の実現に弾みをつけたようです。

　ポーランド最古の大学、ヤギェウォ大学で教鞭を執りながら備前《びぜん》焼の専門家でもあるエバ・カミンスキ助教授は、「日本の企業、団体、個人、そして大使館の協力によって〝マンガ〟は誕生しました。13万8000人による募金協力と、両国政府の援助で実現したと記されていますが、日本からの多大なる資金援助と協力のお陰です」と語っていました。

　設計を手がけることになったポストモダンの代表的な建築家の1人、磯崎《いそざき》新《あらた》氏はクラクフの候補地を視察して、ヴィスワ川の分岐点で中世の街らしい景観が広がる見晴らしのいい現在の場所を選んだそうです。川が静かに流れるその対岸には、歴代ポーランド王の居城だったヴァヴェル城がそびえています。

　名称は、「日本の美術と共にその背景にある日本の技術も紹介したい」とのワイダ監督の想いから「日本美術技術センター」になりました。1994年11月の開幕式典には高円宮同妃両殿下が公式訪問され、日本・ポーランド関係史上初の皇室によるご訪問となりました。12月にはワレサ大統領が国賓として日本に滞在しており、日本とポーランドの関係において1994年は画期的な1年となりました。

　ワイダ監督は、磯崎氏との関係についてこう目を輝かせて語っていました。

「アメリカでの仕事から一時帰国した磯崎新先生が、東京のホテルに宿泊していた私たちの元を訪ねてくれて、『〝マンガ〟に協力したい』と言ってくれた。僕が初めて日本の地を踏んだのは1970年の大阪万博の時だったけれど、そこで見た磯崎さんの作品（万博の中心施設「お祭り広場」）にすごく感動してね。その本人からの協力の申し出だったんだ！」

7000点もの日本美術品を1人で収集し寄贈したヤシェンスキ

さて、ワイダ監督の熱意に心を動かされた両国民の力で〝マンガ〟が実現しましたが、ここで〝陰の主役〟にも注目したいと思います。〝マンガ〟のギャラリーには、クラクフ国立博物館が所蔵する浮世絵や掛け軸、屛風、甲冑、刀剣、陶器など、伝統的な日本美術品が常設で展示されています。これらの大部分は、1人のポーランド人が19世紀末から20世紀初めにかけて収集したもので、その数7000点（欧州有数の浮世絵コレクション約4600枚を含む）ほど。1920年にクラクフ国立博物館にすべて寄贈されました。

コレクションの数の多さ、種類の豊富さにも目を見張りますが、「寄贈」という道を選んだポーランド人、フェリクス・ヤシェンスキとは一体、どういう人物だったのでしょうか？〝マンガ〟のホームページなどから要約してみました。

――１８６１年、裕福な大地主の家に生まれたヤシェンスキは、類いまれな知性と芸術的・文学的才能の持ち主でしたが、その天賦《てんぷ》の才は大学で学業を修めたこと、そして膨大で多彩な読書を経験したことでさらに開花していきました。１８８０年代、学業に磨きをかけるため赴いたパリで、初めて日本美術と出会います。

〝芸術の都〟だった当時のパリで、日本美術は芸術家らの興味を刺激し、魅了し、その創作活動におけるインスピレーションの源となっていきました。これはいわゆるジャポニズム、19世紀後半にパリで始まった芸術運動で次第に他の西欧諸国へと広まっていきました。

日本美術の虜《とりこ》となったヤシェンスキは、パリのオークションや骨董品店で、日本伝統工芸品の買い付けを始めました。収集品は、浮世絵、日本画、漆器に始まり、青銅器、陶磁器、布製品、象牙細工、武器にまで及びました。１８８８年、ポーランドに戻った後も友人や代理業者の仲介で、パリやベルリン、日本からの買い付けを行ないます。そしていつしか彼の胸中に、自らのコレクションを祖国に寄贈したい、という考えが芽生えたそうです。――

「日本が憧れの国」だったヤシェンスキは、しかも単なる〝コレクター〟ではありませんでした。ポーランド語やフランス語などで、評論活動をしていました。「日本人即ち武士にして芸術家なり。その胸中には武士道、祖国、芸術の三位一体たる思想。その武器は剣、剣すなわち芸術作品。日本刀は恐るべき武器であると同時に、全世界に並ぶものなき鍛冶技術の傑作である」などと論じたり、芸術品のみならず、画工、彫金工、組紐職人、塗師たちを「芸術家にして職人、職人にして芸術家たち」と称賛もしています。

深い造詣と愛情を持って、日本の美術品のみならず武士道精神にまで傾倒、それを広めていく活動に熱中したヤシェンスキは、ポーランドどころか欧州においても先駆的な〝日本の伝道師〟だったのです。

ちなみに日本美術・技術センターの通称、〝マンガ〟の綴りはMangghaです。これはヤシェンスキがコレクションの中でも特に熱愛していた『北斎漫画』のMangaという単語のスペルを少し変え、自らのペンネームとして使用していたことに由来します。

半世紀以上かかって具現化した〝日本の伝道師〟の夢

「一般への展示を目的とすること」「ばらばらにせず、常に1カ所にまとめておくこと」などを条件に、前述の通り、1920年にヤシェンスキ・コレクションのすべてがクラクフ国立博物館に寄贈されることになりました。ところが寄贈契約書を交わした後も、コレクションは9年間、彼の住まいに保管されたまま……。ヤシェンスキは憧れの日本の地を踏むことさえなく、しかも失明という悲運にも見舞われ、1929年にその生涯を終えました。

〝日本の伝道師〟ヤシェンスキの崇高《すうこう》な夢——日本美術を展示する博物館の創設を、半世紀以上かかったとはいえ具現化したのが、「ヤシェンスキ・コレクションに出会い、日本に魅了された」ワイダ監督でした。また、第二次世界大戦直後、ヤギェウォ大学美術史学科に在学中からクラクフ国立博物館で学芸助手を務め、ヤシェンスキ・コレクションの保護と管理を申し出て、やがてポーランドにおける東洋美術の第一人者として大学で浮世絵の講義を受け持つなどヤシェンスキの精神を受け継いできた、ゾフィア・アルベル博士ら周囲の尽力があったことも書き添えたいと思います。

ある資料によると、ナチス・ドイツ軍が515点ほどの木版画（葛飾北斎・喜多川歌麿・安藤広重など）と17点の絵画を持ち去ったとされますが、7000点もの日本文化・芸術品が戦禍をくぐり、闇で転売されることもなく、1世紀を超えてほぼ無傷でこの地に残り、ポーランド人の心に「何か」を伝えています。

これは奇跡なのか、偶然の必然なのか？

少なくとも、日本人は感謝しなくてはなりません。

浮世絵や日本画の絵葉書を眺める幼児

2012年5月6日の日曜日、青空が広がり初夏のようなお天気となったこの日、「こどもの日」の特別イベントが催される〝マンガ〟に、地元や周辺地域から大勢が訪れていました。イベントの内容は、オリガミを折ったり、着物姿の女の子や富士山など日本にまつわる絵のぬり絵をしたり、日本文化のクイズに答えたり。常設のカフェ・マンガのデッキ席で、陽だまりの中、寿司やどら焼きを食べる家族の姿もあります。

ちなみに、ポーランドの「こどもの日」は6月1日です。でも、この日は「(日本の)こどもの日」を模したイベントだったので、外には鯉のぼりも泳いでいました。第1章で詳しく綴った気仙沼の鯉のぼりです。

「こんにちは!」

クリアな日本語でニッコリほほ笑む金髪の愛らしい女の子たち、かぶとのオリガミなどを画用紙に貼り付けた作品を手に持つ2人は、ドミニカ・クルプチャックさんとカロリナさん姉妹です。「近郊の村からバスに乗って来た」そうで、クラクフ市内に住む幼いいとこ2人も一緒でした。

「〝マンガ〟が設ける日本語講座の初級クラスで学んでいます。レベルは5段階に分かれていて下から2番目です」と語る高校1年生の姉ドミニカさん。長い間、会話を続けていて驚いたのは、こちらの質問をきちんと理解し、いわゆる初歩レベルのカタコト日本語ではないどころか、日本人と変わらないイントネーションと正しい文法で、まるで日本人のような受け答えをすることです。

〝マンガ〟での日本語講座は2004年から始まり、その他、書道・生花・茶道・盆栽講座も好評だそうです。茶室もあります。また、囲碁と将棋の国際大会も開かれています。さらに能と狂言の他、人間国宝・鶴賀《つるが》若狭掾《わかさのじょう》氏による新内と車人形、猿八座による浄瑠璃、日本舞踊、地唄舞、舞楽法会、落語の公演なども開催されました。

そして「こどもの日」をはじめ年に何度か、オリガミ、風呂敷の色々な結び方、着付け、書道など、子どもが対象のイベントも催される〝マンガ〟で、ハッとする光景も目にしました。売店コーナーには、葛飾北斎の浮世絵をはじめ、日本画家の絵葉書がラックに飾られ売られているのですが、そこにたたずみ、長い時間、1つひとつ丁寧に絵葉書を眺める人々……。その中には、幼児の姿もありました。

子どもは一般的に色や形状が単純なキャラクター系を好みますが、その反面、細かいものを見る能力にも長けています。ただ、興味が無いものに集中力は続かないはずです。つまり自発的に続けられる＝関心がある＝好き＝才能を発揮させられる素地がある、ではないかと考えます。モノも言わず長い間、浮世絵を眺め、別の日本画を取り出し、また見つ

ドミニカさん（後方右）カロリナさん姉妹といとこたち。後ろでは鯉のぼりも泳いでいる

めている幼児の姿に、「日本の文化に触れて啓発されるポーランド人がきっとこれからも現われる」と信じてきたワイダ監督の言葉がだぶります。

〝マンガ〟は、日本の美しい精神に「共感する」ポーランド人のＤＮＡの〝発掘場〟になっていると言えそうです。絵葉書を手に取りじっくりと見つめる小さな身体が、素直にそのことを証明してくれているように感じました。

日本大使館のホームページに、〝マンガ〟の開設から20周年によせてのワイダ監督の挨拶文がありました。その最後のフレーズを、ご紹介いたします。

――どうして日本に特別な関心を抱いたのか、いくつもの可能性があったにもかかわらず、なぜこんなにも遠い国に興味を持つことになったのかと、よく聞かれます。

答えは簡単です。日本では、心から親しみを持てる人々と出会いました。言葉も分からず、習慣もほんの少ししか知りませんが、日本人のことをとてもよく理解できるのです。日本人は、真面目で、責任感があり、誠実さを備え、伝統を守ります。それらはすべて、私が自分の生涯において大事にしている精神です。日本と出会ったお陰で、このような美しい精神が、私の想像の中だけで存在しているわけではないことが分かりました。そのような精神が、本当に存在するのです。――

乳母車の幼児までが興味津々の〝マンガ〟の売店コーナー

ワイダ監督が示す「日本人というDNA」

ポーランド映画界の巨匠、アンジェイ・ワイダ監督死去のニュースが世界を駆け巡ったのが2016年10月、死因は肺不全でした。御年90歳を迎えた同年3月には、ザモイスキ宮殿に旧知の俳優ほか映画関係者らが大勢駆けつけ、ワイダ監督の作品をイメージした飾り付けの施された誕生日ケーキも登場するなど、盛大な誕生パーティーが催されたばかりでした。

元大統領らも弔問に訪れた告別式では、ポーランド映画学会のマグダレナ・スロカ会長が「ワイダ監督は私たちにとって、とても身近な存在です。その理由は監督が持っている人を包み込むような優しさにあります。監督がいなければ、ポーランドの映画界はまったく違うものになっていました」と人格と前人未到の業績を称え、『ワレサ　連帯の男』(13)などで映画背景を担当したヤヌシ・グウォヴァツキ氏は「ポーランドの歴史は、監督の映画を観ることで知ることができます。それは損失と希望、意思、そして各世代の挫折が表現されています」と追悼の言葉を述べています。

同年5月、最晩年のワイダ監督は、その小さな全身から神々しいオーラを放っていました。優しさと思いやりのカタマリのような紳士で、お茶目で、時に赤ちゃんのようにピュアな表情となり、真摯に語ってくださり、大変にお元気だったのですが……。この至福の時が、私にとって最初で最後の面会になってしまいました。

後日、東日本大震災で未曾有の被害が報じられた際に、ワイダ監督の発表したメッセージが脳裏に蘇ってきました。そこには、こんな内容が含まれています。

――（前略）こうした経験を積み重ねて、日本人は強くなった。理解を超えた自然の力は、民族の運命であり、民族の生活の一部だという事実を、何世紀にもわたり日本人は受け入れてきた。今度のような悲劇や苦難を乗り越えて日本民族は生き続け、国を再建していくでしょう。

日本の友人たちよ。あなた方の国民性の素晴らしい点はすべて、ある事実を常に意識していることとつながっています。すなわち、人はいつ何時、危機に直面して自己の生き方を見直さざるをえなくなるか分からない、という事実です。

それにもかかわらず、日本人が悲観主義に陥らないのは、驚くべきことであり、また素晴らしいことです。悲観どころか、日本の芸術には生きることへの喜びと楽観が溢れています。日本の芸術は人の本質を見事に描き、力強く、様式においても完璧です。日本は私にとって大切な国です（後略）。――

被災地への激励メッセージとはいえ、ワイダ監督は感情的な表現に陥ることなく、「日本人というＤＮＡ」を淡々と解析し、その芸術性から伺える日本人の楽観性を賞賛しています。列強に囲まれ亡国の歴史を背負い、戦争と破壊と共産主義体制という「人災」と闘い続けてきたからこそその、ワイダ監督のリアリズムなのでしょう。

心からのご冥福をお祈りします。

本書は、２０１５年11月、小社から単行本で刊行された
『世界はこれほど日本が好き』を文庫化したものです。

一〇〇字書評

切り取り線

購買動機（新聞、雑誌名を記入するか、あるいは○をつけてください）

- □（　　　　　　　　　　　　）の広告を見て
- □（　　　　　　　　　　　　）の書評を見て
- □ 知人のすすめで
- □ タイトルに惹かれて
- □ カバーがよかったから
- □ 内容が面白そうだから
- □ 好きな作家だから
- □ 好きな分野の本だから

●最近、最も感銘を受けた作品名をお書きください

●あなたのお好きな作家名をお書きください

●その他、ご要望がありましたらお書きください

住所	〒				
氏名		職業		年齢	
新刊情報等のパソコンメール配信を 希望する・しない	Eメール	※携帯には配信できません			

あなたにお願い

この本の感想を、編集部までお寄せいただけたらありがたく存じます。今後の企画の参考にさせていただきます。Eメールでも結構です。

いただいた「一〇〇字書評」は、新聞・雑誌等に紹介させていただくことがあります。その場合はお礼として特製図書カードを差し上げます。

前ページの原稿用紙に書評をお書きの上、切り取り、左記までお送り下さい。宛先の住所は不要です。

なお、ご記入いただいたお名前、ご住所等は、書評紹介の事前了解、謝礼のお届けのためだけに利用し、そのほかの目的のために利用することはありません。

〒一〇一-八七〇一
祥伝社黄金文庫編集長　萩原貞臣
☎〇三（三二六五）二〇八四
ohgon@shodensha.co.jp

祥伝社ホームページの「ブックレビュー」
からも、書けるようになりました。
http://www.shodensha.co.jp/bookreview/

祥伝社黄金文庫

世界《せかい》はこれほど日本《にほん》が好《す》き
——No.1 親日国《しんにちこく》・ポーランドが教《おし》えてくれた「美《うつく》しい日本人《にほんじん》」

平成30年10月20日　初版第1刷発行

著　者　河添恵子《かわそえけいこ》
発行者　辻 浩明
発行所　祥伝社《しょうでんしゃ》
〒101－8701
東京都千代田区神田神保町3－3
電話　03（3265）2084（編集部）
電話　03（3265）2081（販売部）
電話　03（3265）3622（業務部）
http://www.shodensha.co.jp/
印刷所　堀内印刷
製本所　ナショナル製本

　ISBN978-4-396-31742-3 C0130

祥伝社黄金文庫

井沢元彦
歴史の嘘と真実
誤解だらけの「正義」と「常識」

語られざる日本史の裏面を暴き、現代の病巣を明らかにする会心の一冊。井沢史観の原点がここに！

井沢元彦
誰が歴史を歪《ゆが》めたか
日本史の嘘と真実

教科書にはけっして書かれない日本史の実像と、歴史の盲点に迫る！　著名言論人と著者との白熱の対談集。

井沢元彦
誰が歴史を糺《ただ》すのか
追究・日本史の真実

梅原《うめはら》猛《たけし》・渡部《わたなべ》昇一《しょういち》・猪瀬《いのせ》直樹《なおき》……各界の第一人者と日本の歴史を見直す、白熱・興奮の徹底討論！

金　文学
金　明学
韓国民に告ぐ！
日本在住の韓国系中国人が痛哭の祖国批判

〝日韓友好〟の今、あえて問う！——祖国を思うあまりの痛烈な韓国批判。井沢元彦氏激賞の話題作。

金　文学
中国人民に告ぐ！
「文化大国」が聞いてあきれる——痛憤の母国批判

日本人が古来、敬い尊んだ中国人の実態を容赦なく抉《えぐ》り出す。日本にも通暁する著者ならではの中国批判。

泉　三郎
堂々たる日本人
知られざる岩倉使節団

この国のかたちと針路を決めた男たち——彼らは世界から何を学び、世界は彼らの何に驚嘆したのか？